校企合作新形态教材

U0647172

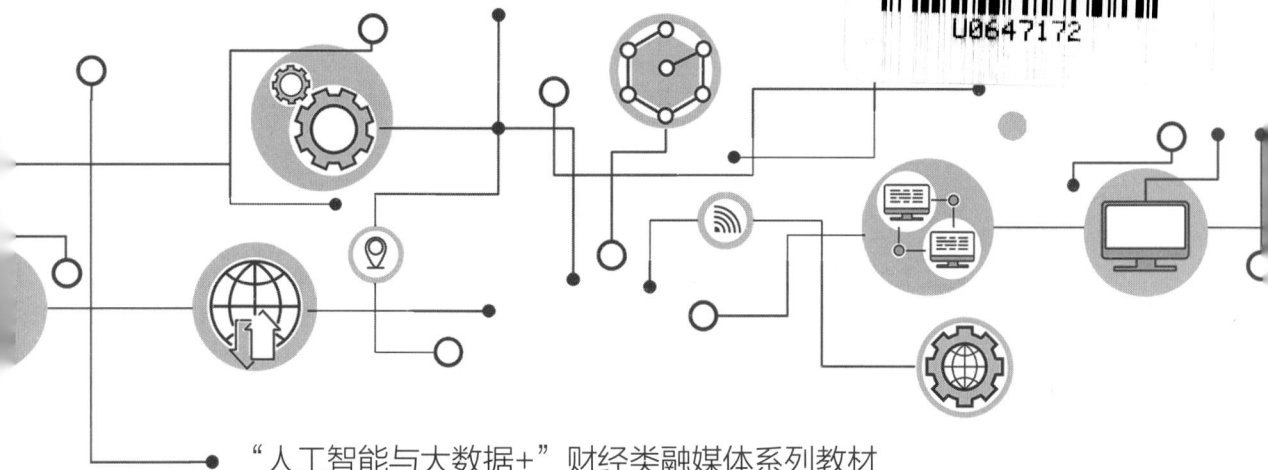

"人工智能与大数据+"财经类融媒体系列教材

# FINANCIAL ACCOUNTING PRACTICE

# 财务会计实训

陈满依　许　苗　胡晓锋　◎主编

贲绍华　周贤东　◎副主编

赵金芳　王　芳　◎编委

Zhejiang University Press
浙江大学出版社
·杭州·

图书在版编目（CIP）数据

财务会计实训／陈满依，许苗，胡晓锋主编.
杭州：浙江大学出版社，2024.11. -- ISBN 978-7-308-
25618-6

Ⅰ. F234.4

中国国家版本馆 CIP 数据核字第 202472EL82 号

**财务会计实训**

CAIWU KUAIJI SHIXUN

主　编　陈满依　许　苗　胡晓锋

策划编辑　李　晨

责任编辑　李　晨

文字编辑　沈巧华

责任校对　汪荣丽

封面设计　春天书装

出版发行　浙江大学出版社
　　　　　（杭州市天目山路 148 号　邮政编码 310007）
　　　　　（网址：http://www.zjupress.com）

排　　版　杭州星云光电图文制作有限公司

印　　刷　杭州高腾印务有限公司

开　　本　787mm×1092mm　1/16

印　　张　17.5

字　　数　207 千

版 印 次　2024 年 11 月第 1 版　2024 年 11 月第 1 次印刷

书　　号　ISBN 978-7-308-25618-6

定　　价　59.80 元

# PREFACE

## 前　言

　　本教材以党的二十大精神为引领,选择中型规模的生产型企业的真实案例作为参照,结合财政部颁布的《企业会计准则——基本准则》的要求,充分考虑企业财务会计课程的理论和实践学习要求,编制企业仿真业务。教材覆盖了企业财务会计课程中大量重要的知识点。使用本教材,学生可通过分析仿真票据、填制会计凭证、登记会计账簿及编制会计报表,理解财务数据的勾稽关系,熟悉企业真实场景,转化理论知识,在一定程度上提升综合能力和水平,从而为毕业走上财会岗位奠定坚实的专业基础。

　　本教材由陈满侬、许苗、胡晓锋担任主编,在编写过程中作者参考了诸多教材、专著及企业实际业务,得到了相关专家、学者以及浙江旅游职业学院领导和作者所在的工商管理学院的领导和同事的大力支持。本教材为校企合作新形态教材,在编写过程中作者调研和学习了杭州嘉良智能工程有限公司、杭州正鉴会计师事务所、绿城科技产业服务集团有限公司、希尔顿酒店、开元集团等诸多企业的会计业务,在此对这些企业表示感谢。

　　本教材所编制的会计业务是在参考企业真实业务的基础上改编而来的,利用了浙江衡信理实一体化平台票据生成器生成原始凭证。本教材主要为高等职业院校大数据与会计专业及相关专业进行财务会计实训活动而设计,也可以作为本科院校、社会培训机构相关专业学生课堂实训配套练习教材,还可以作为财经类中等职业学校的会计综合模拟实训教材。

作者

2024 年 6 月

# 目 录

CONTENTS

# 项目一　实训概述

## 任务一　实训目的和实训任务

### 一、实训目的

（1）熟悉工业企业的业务流程。

（2）能依据原始凭证，分析各项经济业务引起的会计要素的增减变动情况，编制相应的会计分录。

（3）能够填制和审核有关原始凭证。

（4）能依据原始凭证或原始凭证汇总表填制记账凭证，并进行审核。

（5）能依据记账凭证或记账凭证汇总表登记日记账、明细账、备查簿等各种账簿。

（6）能依据记账凭证编制科目汇总表，依据科目汇总表登记总账。

（7）会对账和结账。

（8）会编制会计报表。

（9）能够独立管理会计档案，会装订凭证、账簿。

### 二、实训任务

（1）编制会计分录。

（2）填制和审核有关原始凭证。

（3）填制和审核记账凭证。

（4）登记日记账、明细账、备查簿、总账等账簿。

（5）编制科目汇总表，并依据科目汇总表登记总账。

（6）对账和结账。

（7）编制资产负债表、利润表。

（8）整理和装订凭证、账簿。

## 任务二　实训准备

（1）印章：企业公章、财务专用章、法人章、发票专用章、参加实训学生的个人名章、现金收讫章、现金付讫章。

（2）会计办公用品：计算器、记账专用笔（黑色签字笔、红色签字笔）、直尺、胶水、剪刀、夹子、装订凭证的针和线、装订机等。

（3）会计凭证：原始凭证和记账凭证。记账凭证还需准备通用记账凭证、记账凭证封皮。记账凭证2本（50页1本），封皮每人1张。

（4）账簿：现金日记账1张、银行存款日记账1张、总分类账1张、三栏式明细账账页1张、多栏式明细账账页1张、数量金额式明细账账页1张、账簿封面1张。

（5）会计报表：资产负债表、利润表等。

# 项目二  实训企业介绍

## 任务一  实训企业概况

### 一、企业基本情况

（1）企业名称：浙江华业食品有限责任公司。

（2）企业类型和规模：民营企业，增值税一般纳税人，在册员工23人。

（3）注册资本：1 000万元。

（4）地址：浙江省绍兴市钱江路99号。

（5）电话：0575‐87256666。

（6）开户银行：中国工商银行绍江支行。

（7）账号：1202008901900081698。

（8）纳税登记号：913308066989981268。

（9）法人代表：寿双喜。

（10）财务负责人：高荣。

（11）会计：梁慧慧、何德意。

（12）出纳：李明。

（13）预留银行印鉴：财务专用章、法人章（寿双喜）。

（14）经营范围：生产与销售普通年糕和芝士年糕；厂房为租赁形式，饱和生产能力为每月各10 000箱（每箱标准规格为100条）。

（15）股东成员及持股比例：

叶丽丽　40%

王伟　　30%

王晓如　30%

### （二）企业内部组织架构

按《中华人民共和国公司法》规定，浙江华业食品有限责任公司内设股东会为权力机构，董事会对股东会负责。公司设立一名总经理、一名总经理助理、三名副总经理，分管生产、销售和行政。

生产副总分管：采购与供应、生产与研发。

销售副总分管：市场与销售、宣传与推广。

行政副总分管：人事与财务。

### (三)企业生产流程

本企业生产的原材料为生态大米、芝士、调味料。

生产的产品为普通年糕、芝士年糕。

## 任务二  实训企业内部财务制度

### 一、企业内部会计制度和会计政策

浙江华业食品有限责任公司企业内部会计制度和会计政策主要包括以下几个方面。

(1)记账方法：借贷记账法。

(2)会计准则：执行《企业会计准则——基本准则》。

(3)库存现金限额：20 000 元。

(4)坏账损失采用备抵法核算，坏账损失采用余额百分比法，计提比例为 0.3% 。

(5)存货按实际成本核算，存货发出按月末一次加权平均法核算，单价保留 2 位小数，原材料的领用和库存商品出库均在月末汇总计算。周转材料采用一次摊销法。

(6)交易性金融资产：本月购入股票作为交易性金融资产，资产负债表日按公允价值进行计量。

(7)固定资产：机器设备采用直线法计提折旧，按年计算、按月计提，与税法折旧政策一致，机器设备净残值均为 0。办公设备采用直线法计提折旧，按年计算按月计提，也与税法折旧政策一致，残值率为 5% 。

(8)无形资产摊销采用直线法，期限为 10 年，与税法规定的摊销年限一致。

(9)制造费用明细账按基本生产车间设置，期末按生产工时在不同产品之间分配，分配率保留 4 位小数，其中普通年糕的生产工时为 6 000 小时，芝士年糕的生产工时为 4 000 小时。

(10)产品成本计算采用品种法，普通年糕和芝士年糕的生产费用在完工产品和在产品之间分配均采用约当产量法，在产品完工程度为 50% ，原材料在生产开始时一次投入。

(11)短期借款利息采用按月预提、按季度支付的方法，利息费用作为财务费用处理；长期借款按月预提、按年支付，符合资本化条件的做资本化处理，不符合的做财务费用处理。

(12)备用金采用定额备用金制度。

(13)公司为增值税一般纳税人，所有产品适用的增值税税率均为 13% 。

(14)企业所得税按月计提、按季预缴，全年汇算清缴，所得税税率为 25%

(15)城建税税率为 7% ，教育费附加率为 3% ，地方教育附加率为 2% ，个人所得税按现行规定执行，工资采用综合征收，分月预缴，年度汇算清缴执行。

(16)利润分配：按净利润的 10% 提取法定盈余公积，按 20% 提取任意盈余公积，并按净利润的 60% ，根据三位股东的持股比例分配现金股利。

（17）借款报销制度：每笔业务报销需经本人和部门经理签字，金额超过 5 000 元的需分管副总经理签字，金额超过 10 000 元的需总经理签字，所有报销均需财务总监审核。

（18）记账凭证：本公司采用通用记账凭证进行财务处理。

## 二、账务处理程序

按照科目汇总表账务处理程序（见图 1-1），每月汇总一次。

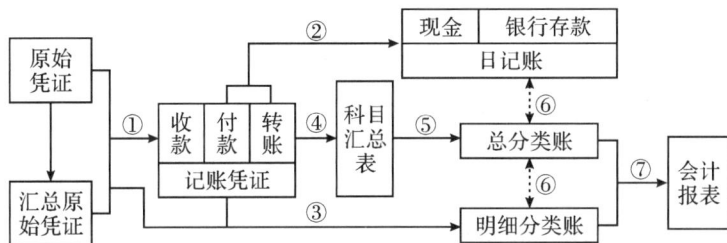

图 1-1　科目汇总表账务处理程序

（1）启用账簿。填写账簿封面，在账簿扉页上附启用表，按规定编排页码并编制目录。

（2）根据期初余额和有关资料，进行期初建账，建账完成后进行对账、试算平衡。建议学生分组进行期初对账，可以两个人一组进行核对，通过分工合作，确保数据的准确性，提高学生分工合作的能力。

（3）建议每个学生登记日记账、总账、三栏式明细账、多栏式明细账、数量金额明细账，根据教学安排，可以选择每类账页至少登记一笔。通过登账熟悉账务核算流程，加深对账簿及账页的认识。

（4）进行期末的对账、结账处理。

（5）整理、装订凭证、账簿、报表，并归档。

# 项目三　实训企业资料

## 任务一　实训企业期初实训资料

### 一、期初账户余额

浙江华业食品有限责任公司 2023 年 11 月 30 日账户余额如表 1-1 所示。

表 1-1　浙江华业食品有限责任公司 2023 年 11 月 30 日账户余额　　单位:元

| 序号 | 总账科目 | 明细账科目 | 期初余额 | | 备注 |
| --- | --- | --- | --- | --- | --- |
| | | | 借方 | 贷方 | |
| 1 | 库存现金 | | 1 000.00 | | |
| 2 | 银行存款 | | 1 966 028.60 | | |
| 3 | | 中国工商银行绍江支行 | 1 966 028.60 | | |
| 4 | 应收票据 | | 150 000.00 | | |
| 5 | | 上海开拓食品有限公司 | 100 000.00 | | |
| 6 | | 浙江未来美生态有限公司 | 50 000.00 | | |
| 7 | 应收账款 | | 536 000.00 | | |
| 8 | | 绍兴向阳超市有限公司 | 258 000.00 | | |
| 9 | | 浙江大好食品有限公司 | 165 000.00 | | |
| 10 | | 上海开拓食品有限公司 | 113 000.00 | | |
| 11 | 原材料 | | 263 030.00 | | |
| 12 | | 普通大米 | 146 950.00 | | 数量:45 000 袋 |
| 13 | | 生态大米 | 99 580.00 | | 数量:20 000 袋 |
| 14 | | 芝士片 | 16 500.00 | | 数量:550 包 |
| 15 | 生产成本 | | 77 740.00 | | |
| 16 | | 普通年糕 | 77 740.00 | | |
| 17 | | 直接材料 | 65 342.00 | | 在产品期初余额 |
| 18 | | 直接人工 | 9 867.00 | | 在产品期初余额 |
| 19 | | 制造费用 | 2 531.00 | | 在产品期初余额 |

续 表

| 序号 | 总账科目 | 明细账科目 | 期初余额 | | 备注 |
|---|---|---|---|---|---|
| | | | 借方 | 贷方 | |
| 20 | 库存商品 | | 84 250.00 | | 三级明细 |
| 21 | | 普通年糕 | 40 500.00 | | 数量:430 箱 |
| 22 | | 芝士年糕 | 43 750.00 | | 数量:440 箱 |
| 23 | 固定资产 | | 867 729.20 | | |
| 24 | | 全自动立式包装机 | 157 000.00 | | |
| 25 | | 给袋式包装机 | 210 000.00 | | |
| 26 | | 枕式包装机 | 49 000.00 | | |
| 27 | | 切段机 | 15 000.00 | | |
| 28 | | 清洗机 | 52 000.00 | | |
| 29 | | 冷柜 | 5 929.20 | | |
| 30 | | 年糕设备 | 360 000.00 | | |
| 31 | | 文件柜及椅子 | 15 200.00 | | |
| 32 | | HP 激光打印机 | 3 600.00 | | |
| 33 | 累计折旧 | | | 227 090.40 | |
| 34 | 长期待摊费用 | | 234 000.00 | | |
| 35 | | 厂房装修费 | 234 000.00 | | |
| 36 | | 资产合计 | 3 952 687.40 | | |
| 37 | 短期借款 | | | 100 000.00 | |
| 38 | | 中国建设银行凤起支行 | | 100 000.00 | |
| 39 | 应付账款 | | | 178 900.00 | |
| 40 | | 上海食味有限公司 | | 80 000.00 | |
| 41 | | 台州市灿烂食品有限公司 | | 65 000.00 | |
| 42 | | 青岛宜佳食品有限公司 | | 33 900.00 | |
| 43 | 应付职工薪酬 | | | 166 026.80 | |
| 44 | | 社会保险 | | 26 716.80 | |
| 45 | | 公积金 | | 3 760.00 | |
| 46 | | 职工工资 | | 135 550.00 | |
| 47 | 应缴税费 | | | 12 208.00 | |
| 48 | | 未缴增值税 | | 10 900.00 | 11 月份未缴增值税 |
| 49 | | 应缴城市维护建设税 | | 763.00 | 11 月份计提 |

**续　表**

| 序号 | 总账科目 | 明细账科目 | 期初余额 | | 备注 |
| --- | --- | --- | --- | --- | --- |
| | | | 借方 | 贷方 | |
| 50 | | 教育费附加 | | 327.00 | 11 月份计提 |
| 51 | | 地方教育费附加 | | 218.00 | 11 月份计提 |
| 52 | 应付利息 | | | 3 750.00 | |
| 53 | 实收资本 | | | 500 000.00 | |
| 54 | | 叶丽丽 | | 200 000.00 | |
| 55 | | 王伟 | | 150 000.00 | |
| 56 | | 杨晓如 | | 150 000.00 | |
| 57 | 资本公积 | | | 50 000.00 | |
| | | 资本溢价 | | 50 000.00 | |
| 58 | 盈余公积 | | | 117 552.98 | |
| 59 | | 法定盈余公积 | | 59 992.98 | |
| 60 | | 任意盈余公积 | | 57 560.00 | |
| 61 | 本年利润 | | | 1 650 323.86 | 1—11 月份净利润 |
| 62 | 利润分配 | | | 1 173 925.76 | |
| 63 | | 未分配利润 | | 1 173 925.76 | 年初未分配利润 |
| 64 | | 负债和所有者权益合计 | | 3 952 687.40 | |

## 二、损益类账户累计发生额

浙江华业食品有限责任公司 2023 年 1—11 月损益类账户累计发生额如表 1-2 所示。

表1-2　浙江华业食品有限责任公司 2023 年 1—11 月损益类账户累计发生额　　单位:元

| 序号 | 科目名称 | 1—11 月累计发生额 | | 备注 |
| --- | --- | --- | --- | --- |
| | | 金额 | 金额 | |
| 1 | 主营业务收入 | 9 807 000.54 | 9 807 000.54 | |
| 2 | 其他业务收入 | 13 500.00 | 13 500.00 | |
| 3 | 投资收益 | 23 000.00 | 23 000.00 | |
| 4 | 营业外收入 | 5 320.00 | 5 320.00 | |
| 5 | 主营业务成本 | 6 260 335.73 | 6 260 335.73 | |
| 6 | 其他业务成本 | 10 200.00 | 10 200.00 | |
| 7 | 税金及附加 | 71 250.00 | 71 250.00 | |
| 8 | 销售费用 | 384 864.00 | 384 864.00 | |
| 9 | 管理费用 | 901 285.00 | 901 285.00 | |
| 10 | 财务费用 | 20 454.00 | 20 454.00 | |
| 11 | 所得税费用 | 550 107.95 | 550 107.95 | 1—11 月份所得税 |

### 三、固定资产期初明细账

浙江华业食品有限责任公司 2023 年 12 月初固定资产明细如表 1-3 所示。

表 1-3　浙江华业食品有限责任公司固定资产明细　　　　　　　单位:元

| 资产名称 | 开始使用日期 | 资产原值 | 累计折旧 | 预计使用月份 | 已计提月份 | 使用部门 | 残值率/% |
|---|---|---|---|---|---|---|---|
| 全自动立式包装机 | 2021 - 03 - 01 | 157 000.00 | 41 866.67 | 120.00 | 32.00 | 生产车间 | |
| 给袋式包装机 | 2021 - 03 - 01 | 210 000.00 | 56 000.00 | 120.00 | 32.00 | 生产车间 | |
| 枕式包装机 | 2021 - 09 - 01 | 49 000.00 | 10 616.67 | 120.00 | 26.00 | 生产车间 | |
| 切段机 | 2023 - 04 - 01 | 15 000.00 | 1 750.00 | 60.00 | 7.00 | 生产车间 | |
| 清洗机 | 2023 - 06 - 01 | 52 000.00 | 4 333.33 | 60.00 | 5.00 | 生产车间 | |
| 冷柜 | 2021 - 03 - 01 | 5 929.20 | 5 270.40 | 36.00 | 32.00 | 生产车间 | |
| 年糕设备 | 2021 - 03 - 01 | 360 000.00 | 96 000.00 | 120.00 | 32.00 | 生产车间 | |
| 切段机 | 2021 - 03 - 01 | 3 200.00 | 2 133.33 | 48.00 | 32.00 | 生产车间 | |
| 文件柜及椅子 | 2021 - 03 - 01 | 12 000.00 | 6 080.00 | 60.00 | 32.00 | 管理部门 | 5.00 |
| HP 激光打印机 | 2021 - 03 - 01 | 3 600.00 | 3 040.00 | 36.00 | 32.00 | 管理部门 | 5.00 |
| 合　计 | | 867 729.20 | 227 090.40 | | | | |

## 任务二　实训企业 2023 年 12 月经济业务介绍

(1)12 月 1 日,出纳签发一张现金支票,向银行支取备用金 20 000.00 元。

(2)12 月 3 日,签发转账支票,归还上月所欠上海食味有限公司货款 35 000.00 元。

(3)12 月 4 日,收到绍兴向阳超市有限公司的转账支票一张,金额 58 000.00 元,已办理进账手续。

(4)12 月 5 日,销售部销售员赵飞到北京出差,预借差旅费 5 000.00 元。

(5)12 月 7 日,收到杭州畅达食品有限公司违约金 3 000.00 元。

(6)12 月 8 日,收到政府对食品生产企业的补贴 18 000.00 元。

(7)12 月 8 日,参加上海美食节,支付会展费 20 000.00 元,并取得增值税普通发票。

(8)12 月 8 日,支付杭州食品广告有限公司的广告费,取得增值税专用发票,注明金额 30 000.00 元,税额 1 800.00 元。

(9)12 月 9 日,销售给浙江未来美生态有限公司普通年糕一批,开具增值税专用发票,数量 1 200 箱,单价 150.00 元/箱,金额 180 000.00 元,税额 23 400.00 元,款已收到。

(10)12 月 9 日,销售给上海开拓食品有限公司芝士年糕,开具增值税普通发票,数量 800 箱,单价 200.00 元/箱,金额 180 800.00 元(含税),款未收。

(11)12 月 9 日,收到宁波爱美食品有限公司转账支票一张,金额 10 000.00 元作为预付款。

(12)12月10日,收到浙江大好食品有限公司银行承兑汇票一张,支付前欠货款65 000.00元。

(13)12月10日,预缴本月增值税3 000.00元。

(14)12月10日,销售给浙江未来美生态有限公司芝士年糕320箱,单价200.00元/箱,开具增值税普通发票,金额64 000.00元,税额8 320.00元,并收到对方开具的商业承兑汇票。

(15)12月11日,通过证券公司购入股票,类别为交易性金融资产。成交金额600 000.00元,佣金1 800.00元,过户手续费48.00元。

(16)12月11日,向台州市灿烂食品有限公司采购普通大米,取得增值税专用发票,注明数量10 000千克,单价3.40元/千克,金额34 000.00元,税额4 420.00元,货未到,款未付。

(17)12月12日,收到上海开拓食品有限公司银行汇票一张,金额113 000.00元。

(18)12月13日,向台州市灿烂食品有限公司采购大米,验收入库。

(19)12月13日,开具银行承兑汇票,支付台州市灿烂食品有限公司38 420.00元。

(20)12月14日,开具银行本票,支付前欠青岛宜佳食品有限公司的货款33 900.00元。

(21)12月14日,向凌云电器有限公司采购空调2台,取得增值税专用发票,金额16 000.00元,税额2 080.00元,款已支付。

(22)12月14日,向杭州好幸福大米有限公司采购生态大米一批,取得增值税专用发票,数量22 000千克,单价5.00元/千克,金额110 000.00元,税额14 300.00元,大米已验收入库,以商业承兑汇票支付。

(23)12月15日,向杭州多米多食品包装材料有限公司采购包装袋,数量8 000个,单价0.50元/个,取得增值税专用发票,金额4 000.00元,税额520.00元,款未付。

(24)12月15日,签发现金支票120 372.24元,取现备发工资。

(25)12月15日,缴纳税款,增值税10 900.00元,城市维护建设税763.00元,教育费附加327.00元,地方教育费附加218.00元。

(26)12月15日,缴纳社保费38 308.80元,个人部分11 592.00元,企业部分26 716.80元。

(27)12月15日,缴纳个人所得税185.76元。

(28)12月15日,缴纳公积金4 800元,个人部分2 400.00元,企业部分2 400.00元。

(29)12月16日,发放11月份工资并结转代扣款项。

(30)12月16日,向银行申请开具银行汇票,金额10 000.00元。

(31)12月17日,向上海康康调味品有限公司采购调味品,数量1 000包,单价8.00元/包,取得增值税专用发票,金额8 000.00元,税额1 040.00元,已验收入库,使用上述银行汇票支付。

(32)12月17日,管理部门陈康报销电话费,取得普通发票,注明金额500.00元,以现金支付。

(33)12月18日,收到银行汇票退回的多余款项,金额为960.00元。

(34)12月18日,向杭州好利来专利有限公司购入食品专利权100 000.00元,取得专用发票,注明金额100 000.00元,税额6 000.00元,以转账支票支付。

(35)12月18日,原收到的浙江未来美生态有限公司银行承兑汇票到期,收回货款。

(36)12月19日,使用原收到的上海开拓食品有限公司的银行承兑汇票100 000.00元,申请贴现,贴现期1个月,贴现利率6%,贴现利息500.00元。

(37)12月19日,使用原收到的浙江大好食品有限公司银行承兑汇票65 000.00元,支付前欠台州市灿烂食品有限公司的货款。

(38)12月20日,赵飞报销差旅费6 740.00元,住宿专用发票金额4 000.00元,税额240.00元,往返机票2 500元(含往返的基建费100元),并以现金补付。

(39)12月20日,向宁波爱美食品有限公司销售普通年糕200箱,单价150.00元/箱,开增值税专用发票,金额30 000.00元,税额3 900.00元。

(40)12月20日,计提短期借款利息(原建设银行短期借款100 000.00元,6月1日借入,借款期限6个月,年利率9%)。

(41)12月21日,租赁的办公室装修完毕,支付装修费300 000.00元,并取得增值税普通发票。

(42)12月21日,向农业银行借入3个月的短期借款500 000.00元。

(43)12月21日,购入手套100双,每双10.00元(不含税),生产工作人员工作服20套,每套150元(不含税)。

(44)12月22日,购入新的年糕生产设备一台,取得增值税专用发票,金额300 000.00元,税额39 000.00元,以银行存款支付。

(45)12月22日,收到绍兴向阳超市有限公司200 000.00元、浙江大好食品有限公司前欠货款100 000.00元。

(46)12月22日,归还6月份借入的短期借款本金100 000.00元,利息4 500.00元(已计提)。

(47)12月23日,向江苏通用包装设备有限公司购入需要安装的包装机一台,取得增值税专用发票,金额100 000.00元,税额13 000.00元,款未付。

(48)12月23日,安装包装机发生人工费8 000.00元,银行存款支付。

(49)12月23日,包装机安装完毕,投入使用。

(50)12月24日,向杭州好房多多有限公司支付2024年房屋租赁费1 200 000.00元。

(51)12月25日,银行存款利息收入1 587.00元。

(52)12月25日,支付电汇手续费150.00元。

(53)12月25日,行政部打印机报废。

（54）12 月 25 日，结转报废打印机固定资产清理。

（55）12 月 25 日，原生产车间给袋式包装机转入清理。

（56）12 月 25 日，收到生产车间包装机变价款 100 000.00 元，取得增值税专用发票，注明金额 100 000.00 元，税额 13 000.00 元。

（57）12 月 25 日，以银行存款支付生产设备清理费用，取得增值税专用发票，金额 1 500.00元，税额 195.00 元。

（58）12 月 25 日，结转固定资产清理净损益。

（59）12 月 25 日，支付管理人员房屋租赁费 15 000.00 元，取得增值税普通发票。

（60）12 月 25 日，分配管理人员房屋租赁费。

（61）12 月 30 日，销售给浙江大好食品有限公司普通年糕和芝士年糕。普通年糕 650 箱，单价 150.00 元/箱（不含税）；芝士年糕 300 箱，单价 200.00 元/箱（不含税）。开增值税普通发票，金额 15 7500.00 元，税额 20 475.00 元，款未收。

（62）12 月 30 日，支付电费，取得增值税专用发票，金额 8 400.00 元，税额 1 092.00 元，并按两种产品的生产工时进行分配。

（63）12 月 30 日，支付水费，取得增值税专用发票，金额 5 376.00 元，税额 483.84 元，并按两种产品的生产工时进行分配。

（64）12 月 31 日，公司为员工发放普通年糕一箱，作为过节福利。

（65）12 月 31 日，非货币福利费分配。

（66）12 月 31 日，向上海开拓食品有限公司销售年糕。普通年糕 1 300 箱，单价 150.00 元/箱；芝士年糕 1 000 箱，单价 200.00 元/箱。开增值税专用发票，金额 395 000.00 元，税额 51 350.00元，款未付。

（67）12 月 31 日，计提固定资产折旧。

（68）12 月 31 日，无形资产摊销，生产专利 1 200 000.00 元，分 10 年摊销；商标权 240 000.00 元，分 10 年摊销。

（69）12 月 31 日，长期待摊费用摊销，原厂房租赁装修费 234 000.00 元，分 3 年摊销。

（70）12 月 31 日，根据本月领用原材料汇总表编制记账凭证。

（71）12 月 31 日，根据本月周转材料汇总表编制记账凭证。

（72）12 月 31 日，调味料盘亏 10 袋，单价 8.00 元/袋，编制调味料盘亏报告表，并根据盘亏报告表编制记账凭证。

（73）12 月 31 日，根据调味料盘亏审批表编制记账凭证。

（74）12 月 31 日，分配本月工资，按两种产品的生产工时进行分配。

（75）12 月 31 日，计提社保公积金。

（76）12 月 31 日，分配制造费用。

（77）12 月 31 日，按约当产量法分配完工产品和在产品的成本，并结转完工产品成本。

（78）12 月 31 日，结转本月已销售产品的成本。

（79）12月31日,交易性金融资产公允价值为650 000.00元。

（80）12月31日,按应收账款余额百分比法,对应收账款计提坏账准备。

（81）12月31日,结转未缴增值税。

（82）12月31日,计提税金及附加。

（83）12月31日,损益类科目结转到本年利润。

（84）12月31日,计提本月企业所得税并确认递延所得税。

（85）12月31日,结转所得税至本年利润。

（86）12月31日,将本年利润结至未分配利润。

（87）12月31日,按净利润的10%,提取盈余公积;按净利润的20%,计提任意盈余公积。

（88）12月31日,按净利润的60%,向股东分配现金股利。

（89）12月31日,结转未分配利润。

## 任务三　实训企业 2023 年 12 月原始凭证

业务 1-1

中国工商银行
现金支票存根
10680561
06533790

附加信息

出票日期 2023 年 12 月 01 日
收款人：浙江华业食品
有限责任公司
金　额：￥20 000.00
用　途：备用金
单位主管　　合计

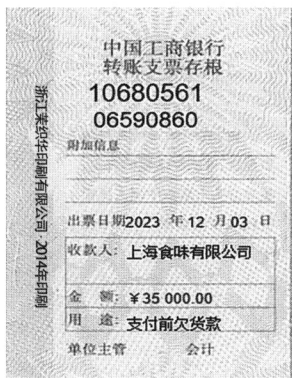

根据《中华人民共和国票据法》等法律法规的规定，签发空头支票由中国人民银行处以票面金额5%但不低于1000元的罚款。

视频 1　坐支现金的处理

业务 2-1

中国工商银行
转账支票存根
10680561
06590860

附加信息

出票日期 2023 年 12 月 03 日
收款人：上海食味有限公司
金　额：￥35 000.00
用　途：支付前欠货款
单位主管　会计

根据《中华人民共和国票据法》等法律法规的规定，签发空头支票由中国人民银行处以票面金额5%但不低于1000元的罚款。

业务 3-1

## 中国工商银行进账单(收账通知)

3

2023 年 12 月 04 日

| 出票人 | 全称 | 绍兴向阳超市有限公司 | 收款人 | 全称 | 浙江华业食品有限责任公司 |
|---|---|---|---|---|---|
| | 账号 | 1202 0980 0674 9001 653 | | 账号 | 1202 0089 0190 0081 698 |
| | 开户银行 | 中国工商银行文兴支行 | | 开户银行 | 中国工商银行绍江支行 |

| 金额 | 人民币(大写) | 伍万捌仟元整 | 千 | 百 | 十 | 万 | 千 | 百 | 十 | 元 | 角 | 分 |
|---|---|---|---|---|---|---|---|---|---|---|---|---|
| | | | | | ¥ | 5 | 8 | 0 | 0 | 0 | 0 | 0 |

| 票据种类 | 转账支票 | 票据张数 | 1 |
|---|---|---|---|
| 票据号码 | 09860341 | | |

复核          记账

中国工商银行绍江支行
20231204
转讫

收款人开户银行盖章

---

业务 4-1

## 借款单

2023       年 12      月 05      日

资金性质:

| 部门: | 销售部 | 借款人: | 赵飞 |
|---|---|---|---|
| 借款理由: | 预借差旅费 | | |
| 金额: | 大写:伍仟元整 | 小写:¥ 5000.00 | |
| 领导批示: | 同意 | 财务主管: | 同意   现金付讫 |

| 部门主管:高荣 | 出纳:李明 | 领款人签收:赵飞 |
|---|---|---|

业务 5-1

# 收款收据    №2023121

2023 年 12 月 07 日

现金收讫

今收到 杭州畅达食品有限公司违约金

金额(大写) 零 佰 零 拾 零 万 叁 仟 零 佰 零 拾零 元 角零 分

¥：3000.00

(单位盖章)

浙江华业食品
有限责任公司
财务专用章

存根（白）

存根（白）

核准　　　会计 梁慧慧　　　记账 何德意　　　出纳 李明　　　经手人 李明

业务 5-2

# 购销合同

合同编号00000000

购货单位（甲方）： 杭州畅达食品有限公司

供货单位（乙方）： 浙江华业食品有限责任公司

根据《中华人民共和国合同法》及国家相关法律、法规之规定，甲乙双方本着平等互利的原则，就甲方购买乙方货物一事达成以下协议。

一、货物的名称、数量及价格

| 货物名称 | 规格型号 | 单位 | 数量 | 单价 | 金额 | 税率 | 价税合计 |
|---|---|---|---|---|---|---|---|
| 芝士年糕 | 50*45 | 箱 | 50 | 150.00 | 7500.00 | 13% | 8475.00 |
| | | | | | | | |
| | | | | | | | |
| | | | | | | | |
| | | | | | | | |
| | | | | | | | |
| | | | | | | | |
| | | | | | | | |
| | | | | | | | |
| | | | | | | | |
| | | | | | | | |
| | | | | | | | |
| | | | | | | | |
| | | | | | | | |
| 合计（大写）◎捌仟肆佰柒拾伍元整 | | | | | | | ￥8475.00 |

二、交货方式和费用承担：交货方式： 线下交货 ，交货时间：2023年12月07日

前，交货地点：浙江省绍兴市钱江路99号 ，运费由 购货方 承担。

三、付款时间与付款方式： 如有违约,需交违约金3000元整

四、质量异议期：订货方对供货方的货物质量有异议时，应在收到货物后 7 天内提出，逾期视为货物质量合格。

五、未尽事宜经双方协商可作补充协议，与本合同具有同等效力。

六、本合同自双方签字、盖章之日起生效：本合同壹式贰份，甲乙双方各执壹份。

甲方（签章）：

授权代表： 李畅达

地　　址： 浙江省杭州市钱塘区学文街45号

电　　话： 156458793216

2023　年12　月07　日

乙方（签章）：

授权代表： 吴双喜

地　　址： 浙江省绍兴市钱江路99号

电　　话： 0575-87256666

2023　年12　月07　日

业务6-1

# 中国工商银行 网上银行电子回单

回单号码：0098754987

| 付款人 | 户名 | 浙江省国家税务局 | 收款人 | 户名 | 浙江华业食品有限责任公司 |
|---|---|---|---|---|---|
| | 账号 | 00985410 | | 账号 | 1202 0089 0190 0081 698 |
| | 开户银行 | 中国建设银行 | | 开户银行 | 中国工商银行绍江支行 |
| | 金额 | 人民币壹万捌仟元整（￥18000.00） | | | |
| | 摘要 | 食品加工补贴 | | 业务（产品）种类 | 食品 |
| | 用途 | 生产补贴 | | | |
| | 交易流水号 | 0008970 | | 时间戳 | 2023.12.08 |

| 记账网点 | 绍江支行 | 记账柜员 | 林小丽 | 记账日期 | 2023.12.08 |
|---|---|---|---|---|---|

打印日期：2023.12.08

重要提示：
1.如果您是收款方，请到工行网站www.icbc.com.cn电子回单验证处进行回单验证。
2.本回单不作为收款方发货依据，并请勿重复记账。
3.您可以选择发送邮件，将此电子回单发送给指定的接收人。

视频2　政府
补助收入

## 业务 7-1

 通发票 NO　09897001

机器编码：

开票日期：2023年12月08日

| 购买方 | 名　称： | 浙江华业食品有限责任公司 | | | | 密码区 | 67/*+3*0/611*++0/+0*/*+3+2/9 |
|---|---|---|---|---|---|---|---|
| | 纳税人识别号： | 9133 0806 6989 9812 68 | | | | | *11*+66666**066611*+66666* |
| | 地址、电话： | 浙江省绍兴市钱江路99号　0575-87256666 | | | | | 1**+216***6000*261*2*4/*547 |
| | 开户行及账号： | 中国工商银行绍江支行 1202 0089 0190 0081 698 | | | | | 203994+-42*64151*6915361/3* |

| 货物或应税劳务、服务名称 | 规格型号 | 单位 | 数量 | 单价 | 金额 | 税率 | 税额 |
|---|---|---|---|---|---|---|---|
| 现代服务*会展费 | | 次 | 1 | 18867.92 | 18867.92 | 6% | 1132.08 |
| 合　计 | | | | | ¥18867.92 | | ¥1132.08 |

| 价税合计（大写） | ⊗贰万元整 | | | （小写）　¥20000.00 |
|---|---|---|---|---|

| 销售方 | 名　称： | 上海祥和会展有限公司 | 备注 | |
|---|---|---|---|---|
| | 纳税人识别号： | 9133 0806 6009 7612 90 | | |
| | 地址、电话： | 上海市高新区和平路521号　021—8906 3321 | | |
| | 开户行及账号： | 交通银行高新支行　0089 5678 9340 65 | | |

收款人：　　　　复核：　　　　开票人：　　　　销售方：章

国税函 (2014) 257 号浙江印物厂

第二联：发票联　购买方记账凭证

---

## 业务 7-2

# 付款申请书

2023 年 12 月 08 日填　　　　　　　字001 号

| 收款单位 | 上海祥和会展有限公司 | 付款原因 | |
|---|---|---|---|
| 账　号 | 00895678934065 | | |
| 开户行 | 交通银行高新支行 | | |
| 金　额 | 零 佰零 拾贰 万零 仟零 佰零 拾零 元零 角零 分 | | 支付会展费 |
| 附　件 | 1　　　　张 | 金额（小写）　¥20 000.00 | |
| 审批 | 同意 叶丽丽 | 财务 | 同意 高荣 |

财务主管 高荣　　　记账 何德意　　　复核 梁慧慧　　　出纳 陈明　　　制单 赵飞

业务 7-3

## 中国工商银行 　凭　证

### 业务回单（付款）

日期：　2023 年　12 月　08 日　　　　　回单编号：202312120

付款人户名：　浙江华业食品有限责任公司　　　　　　付款人开户行：中国工商银行绍江支行

付款人账号（卡号）：　1202 0089 0190 0081 698

收款人户名：　上海祥和会展有限公司　　　　　　　　收款人开户行：交通银行高新支行

收款人账号（卡号）：　00895678934065

金额：　贰万元整　　　　　　　　　　　　　　　　　　小写：　20000.00

业务（产品）种类：　对公付款　　凭证种类：　00000000　　凭证号码：　0000000000

摘要：　跨行普通电汇　　　　　用途：　支付会展费　　币种：　人民币

交易机构：　01206980　　　记账柜员：　00002　　　交易代码：　69078　　　渠道：　其他

本回单为第 1 次打印，注意重复打印日期：　2024 年　1 月　6 日　　打印柜员：　　　　验证码：

---

业务 8-1

## 付款申请书

2023 年　12 月　08 日 填　　　　　　　　　字002 号

| 收款单位 | 杭州食品广告有限公司 | | 付款原因 |
|---|---|---|---|
| 账　号 | 0076893240 | | |
| 开户行 | 中国银行钱塘支行 | | |
| 金　额 | 零 佰零 拾叁 万壹 仟捌 佰零 拾零 元零 角零 分 | | 支付广告费 |
| 附　件 | 1　　　　　张 | 金额（小写）　¥31 800.00 | |
| 审批 | 同意 叶丽丽 | 财务 同意 高荣 | |

财务主管 高荣　　　记账 何德意　　　复核 梁慧慧　　　出纳 陈明　　　制单 赵飞

业务 8-2

全国增值税普通发票　NO 00984376

开票日期：2023年12月08日

| 购买方 | 名　　称： 浙江华业食品有限责任公司 | | | | | | 密码区 | 67/\*+3\*0/611\*\*+0/+0\*/\*+3+2/9 |
|---|---|---|---|---|---|---|---|---|
| | 纳税人识别号： 913308066989981268 | | | | | | | \*11\*+66666\*\*066611\*+66666\* |
| | 地址、电话： 浙江省绍兴市钱江路99号 0575-87256666 | | | | | | | 1\*\*+216\*\*\*6000\*261\*2\*4/\*547 |
| | 开户行及账号： 中国工商银行绍江支行1202008901900081698 | | | | | | | 203994+-42\*64151\*6915361/3\* |

| 货物或应税劳务、服务名称 | 规格型号 | 单位 | 数量 | 单价 | 金额 | 税率 | 税额 |
|---|---|---|---|---|---|---|---|
| 现代服务\*广告费 | | | 1 | 30000.00 | 30000.00 | 6% | 1800.00 |
| 合　计 | | | | | ¥30000.00 | | ¥1800.00 |

| 价税合计（大写） | ◎叁万壹仟捌佰元整 | | （小写）　¥31800.00 |
|---|---|---|---|

| 销售方 | 名　　称： 杭州食品广告有限公司 | 备注 |
|---|---|---|
| | 纳税人识别号： 913309006569761278 | |
| | 地址、电话： 杭州钱塘新区266号 0571-86903512 | |
| | 开户行及账号： 中国银行钱塘支行0076893240 | |

收款人：李明　　　复核：梁慧慧　　　开票人：何德意　　　销售方：章

第二联：抵扣联　购买方抵扣凭证

国税函(2014)257号浙江印钞厂

---

业务 8-3

全国增值税普通发票　NO 00984376

开票日期：2023年12月08日

| 购买方 | 名　　称： 浙江华业食品有限责任公司 | | | | | | 密码区 | 67/\*+3\*0/611\*\*+0/+0\*/\*+3+2 |
|---|---|---|---|---|---|---|---|---|
| | 纳税人识别号： 913308066989981268 | | | | | | | \*11\*+66666\*066611\*+66666\* |
| | 地址、电话： 浙江省绍兴市钱江路99号 0575-87256666 | | | | | | | 1\*\*+216\*\*\*6000\*261\*2\*4/\*54 |
| | 开户行及账号： 中国工商银行绍江支行1202008901900081698 | | | | | | | 203994+-42\*64151\*6915361/3 |

| 货物或应税劳务、服务名称 | 规格型号 | 单位 | 数量 | 单价 | 金额 | 税率 | 税额 |
|---|---|---|---|---|---|---|---|
| 现代服务\*广告费 | | | 1 | 30000.00 | 30000.00 | 6% | 1800.00 |
| 合　计 | | | | | ¥30000.00 | | ¥1800.00 |

| 价税合计（大写） | ◎叁万壹仟捌佰元整 | | （小写）　¥31800.00 |
|---|---|---|---|

| 销售方 | 名　　称： 杭州食品广告有限公司 | 备注 |
|---|---|---|
| | 纳税人识别号： 913309006569761278 | |
| | 地址、电话： 杭州钱塘新区266号 0571-86903512 | |
| | 开户行及账号： 中国银行钱塘支行0076893240 | |

收款人：李明　　　复核：梁慧慧　　　开票人：何德意　　　销售方：章

第三联：发票联　购买方记账凭证

国税函(2014)257号浙江印钞厂

业务8-4

## 中国工商银行

凭证

### 业务回单（ 付款 ）

日期：　2023 年　12 月　08 日　　　　回单编号：202312120

付款人户名：　浙江华业食品有限责任公司　　　　　　　付款人开户行：中国工商银行绍江支行

付款人账号（卡号）：　1202008901900081698

收款人户名：　杭州食品广告有限公司　　　　　　　　收款人开户行：中国银行钱塘支行

收款人账号（卡号）：　0076893240

金额：　叁万壹仟捌佰元整　　　　　　　　　　　　小写：￥31800.00

业务（产品）种类：　对公付款　　　凭证种类：　00000000　　　凭证号码：　0000000000

摘要：　跨行普通电汇　　　　用途：　支付广告费　　　币种：　人民币

交易机构：　01206980　　　记账柜员：　00002　　　交易代码：　　　　　　渠道：　其他

本回单为第 1 次打印，注意重复打印日期：　2024 年　01 月　06 日　　　打印柜员：

031

业务 9-1

# 购销合同

合同编号00000001

购货单位（甲方）：　浙江未来美生态有限公司

供货单位（乙方）：　浙江华业食品有限责任公司

根据《中华人民共和国合同法》及国家相关法律、法规之规定，甲乙双方本着平等互利的原则，就甲方购买乙方货物一事达成以下协议。

一、货物的名称、数量及价格

| 货物名称 | 规格型号 | 单位 | 数量 | 单价 | 金额 | 税率 | 价税合计 |
|---|---|---|---|---|---|---|---|
| 普通年糕 | 45*50 | 箱 | 1200 | 150.00 | 180000.00 | 13% | 203400.00 |
|  |  |  |  |  |  |  |  |
|  |  |  |  |  |  |  |  |
|  |  |  |  |  |  |  |  |
|  |  |  |  |  |  |  |  |
|  |  |  |  |  |  |  |  |
|  |  |  |  |  |  |  |  |
|  |  |  |  |  |  |  |  |
|  |  |  |  |  |  |  |  |
|  |  |  |  |  |  |  |  |
|  |  |  |  |  |  |  |  |
|  |  |  |  |  |  |  |  |
|  |  |  |  |  |  |  |  |
|  |  |  |  |  |  |  |  |
| 合计（大写）◎贰拾万零叁仟肆佰元整 |  |  |  |  |  |  | ￥203400.00 |

二、交货方式和费用承担：交货方式：　线下交货　　　　　　　　，交货时间：2023年12月09日

前，交货地点：浙江省绍兴市钱江路99号　　　　　　　　　　　，运费由 购货方 　承担。

三、付款时间与付款方式：　2023年12月09日

四、质量异议期：订货方对供货方的货物质量有异议时，应在收到货物后　7　　　　　　天内提出，逾期视为货物质量合格。

五、未尽事宜经双方协商可作补充协议，与本合同具有同等效力。

六、本合同自双方签字、盖章之日起生效：本合同壹式贰份，甲乙双方各执壹份。

甲方（签章）：　　　　　　　　　　　乙方（签章）：

授权代　张未来　　　　　　　　　　　授权代

地　　址：浙江省台州市椒江区爱华路200号　　地　　址：浙江省绍兴市钱江路99号

电　　话：13625897185　　　　　　　电　　话：0575-87266666

2023　年12　月09　日　　　　　　　2023　年12　月09　日

视频3　收入的
确认和计量

业务9-2

## 出库单　　　No 0098706

会计部门编号 0012367
仓库部门编号 001

2023 年 12 月 09 日

| 编号 | 名称 | 规格 | 单位 | 出库数量 | 单价 | 金额 | 备注 |
|---|---|---|---|---|---|---|---|
| 1 | 普通年糕 | | 箱 | 1 200 | | | |
| | | | | | | | |
| | | | | | | | |
| | | | | | | | |
| | 合　计 | | | | | | |

生产车间或部门：一车间　　　　　　　仓库管理员：陈伟明

第二联 交财务部

---

业务9-3

专用发票

发票代码: 03312600268
发票号码: 2432890456
开票日期: 2023年12月09日

机器编号:　0098001

校验码:　00632100

| 购买方 | 名　称: | 浙江未来美生态有限公司 | | | | | |
|---|---|---|---|---|---|---|---|
| | 纳税人识别号: | 9133 0816 6349 761X L8 | | | | | |
| | 地址、电话: | 浙江省台州市椒江区爱华路200号 13625897465 | | | | | |
| | 开户行及账号: | 中国农业银行爱华路支行 1204 5289 670 | | | | | |

密码区:
67/*+3*0/611*++0/+0*/*+3+2/9
*11*+66666**066611*+66666*
1**+216***6000*261*2*4/*547
203994+-42*64151*6915361/3*

| 项目名称 | 规格型号 | 单位 | 数量 | 单价 | 金额 | 税率 | 税额 |
|---|---|---|---|---|---|---|---|
| 食品*普通年糕 | | 箱 | 1200 | 150.00 | 180000.00 | 13% | 23400.00 |
| | | | | | | | |
| 合　计 | | | | | ¥180000.00 | | ¥23400.00 |
| 价税合计(大写) | ◎贰拾万零叁仟肆佰元整 | | | | (小写) | | ¥203400.00 |

| 销售方 | 名　称: | 浙江华业食品有限责任公司 | | 备注 | |
|---|---|---|---|---|---|
| | 纳税人识别号: | 9133 0806 6989 9812 68 | | | 浙江华业食品有限责任公司 |
| | 地址、电话: | 浙江省绍兴市钱江路99号 0575-87256666 | | | 913308066989981268 |
| | 开户行及账号: | 中国工商银行绍江支行 1202 0089 0190 0081 698 | | | 发票专用章 |

收款人: 李明　　　　　复核: 梁慧慧　　　　　开票人: 何德意

业务 9-4

## 中国工商银行　　　　　　　　　凭 证

### 业务回单（收款）

日期：　2023　年　12　月　09　日　　　　　回单编号：　20231209001

付款人户名：　浙江未来美生态有限公司　　　　　　　付款人开户行：　中国农业银行爱华路支行

付款人账号（卡号）：　12045289670

收款人户名：　浙江华业食品有限责任公司　　　　　　收款人开户行：　中国工商银行绍江支行

收款人账号（卡号）：　1202008901900081698

金额：　贰拾万零叁仟肆佰元整　　　　　　　　　　　小写：　203400.00

业务（产品）种类：　对公收款　　　凭证种类：　00000000　　　凭证号码：　0000000000

摘要：　跨行普通电汇　　　　　　用途：　货款　　　　币种：　人民币

交易机构：　01206980　　　　　记账柜员：　00002　　　交易代码：　69078　　　渠道：　其他

本回单为第　1　次打印，注意重复打印日期：　2024　年　01　月　06　日　　　打印柜员：

业务 10-1

# 购销合同

合同编号20231209001

购货单位（甲方）： 上海开拓食品有限公司

供货单位（乙方）： 浙江华业食品有限责任公司

根据《中华人民共和国合同法》及国家相关法律、法规之规定，甲乙双方本着平等互利的原则，就甲方购买乙方货物一事达成以下协议。

一、货物的名称、数量及价格

| 货物名称 | 规格型号 | 单位 | 数量 | 单价 | 金额 | 税率 | 价税合计 |
|---|---|---|---|---|---|---|---|
| 芝士年糕 | | 箱 | 800 | 200.00 | 160000.00 | 13% | 180800.00 |
| | | | | | | | |
| | | | | | | | |
| | | | | | | | |
| | | | | | | | |
| | | | | | | | |
| | | | | | | | |
| | | | | | | | |
| | | | | | | | |
| | | | | | | | |
| | | | | | | | |
| | | | | | | | |
| | | | | | | | |

合计（大写）⊚壹拾捌万零捌佰元整　　　　　　　　　　　　　　　　　　￥180800.00

二、交货方式和费用承担：交货方式： 货交承运人 　　　　，交货时间：2023年12月09日前，交货地点：销售方所在地 　　　　　　　　　　　　　，运费由 甲方 承担。

三、付款时间与付款方式： 货到后一周内付款

四、质量异议期：订货方对供货方的货物质量有异议时，应在收到货物后 10 天内提出，逾期视为货物质量合格。

五、未尽事宜经双方协商可作补充协议，与本合同具有同等效力。

六、本合同自双方签字、盖章之日起生效；本合同壹式贰份，甲乙双方各执壹份。

甲方（签章）：上海开拓食品有限公司　　　　　　乙方（签章）：浙江华业食品有限责任公司

授权代表：江建军　　　　　　　　　　　　　　　授权代表：寿双喜

地　址： 上海市高新技术开发区335号　　　　　地　址：浙江省绍兴市钱江路99号

电　话： 021-89467690　　　　　　　　　　　　电　话：0575-87256666

2023年　12　月　08　日　　　　　　　　　　　2023　年　12　月　08　日

业务 10-2

电子发票（~~国统增值税~~专用发票）

发票号码：　234986000123568

开票日期：　2023年12月09日

国家税务总局监制

| 购买方信息 | 名称：上海开拓食品有限公司<br>统一社会信用代码/纳税人识别号：3306 7890321 XL67H | 销售方信息 | 名称：浙江华业食品有限责任公司<br>统一社会信用代码/纳税人识别号：9133 0806 6989 9812 68 |
| --- | --- | --- | --- |

| 项目名称 | 规格型号 | 单位 | 数量 | 单价 | 金额 | 税率/征收率 | 税额 |
| --- | --- | --- | --- | --- | --- | --- | --- |
| 食品*芝士年糕 | | 箱 | 800 | 200.00 | 160000.00 | 13% | 20800.00 |
| 合　计 | | | | | ￥160000.00 | | ￥20800.00 |
| 价税合计（大写） | ⊗壹拾捌万零捌佰元整 | | | | （小写） | ￥180800.00 | |
| 备注 | | | | | | | |

开票人：何德意

---

业务 10-3

## 出库单　　No 0098707

会计部门编号 0012367
仓库部门编号 001

2023 年 12 月 09 日

| 编号 | 名称 | 规格 | 单位 | 出库数量 | 单价 | 金额 | 备注 | |
| --- | --- | --- | --- | --- | --- | --- | --- | --- |
| 1 | 芝士年糕 | | 箱 | 800 | | | | 第二联交财务部 |
| | | | | | | | | |
| | | | | | | | | |
| | | | | | | | | |
| 合　计 | | | | | | | | |

生产车间或部门：一车间　　　　　仓库管理员：陈伟明

业务 11-1

# 购销合同

合同编号20231209007

购货单位（甲方）：　　宁波爱美食品有限公司

供货单位（乙方）：　　浙江华业食品有限责任公司

根据《中华人民共和国合同法》及国家相关法律、法规之规定，甲乙双方本着平等互利的原则，就甲方购买乙方货物一事达成以下协议。

一、货物的名称、数量及价格

| 货物名称 | 规格型号 | 单位 | 数量 | 单价 | 金额 | 税率 | 价税合计 |
|---|---|---|---|---|---|---|---|
| 普通年糕 | | 箱 | 200 | 150.00 | 30000.00 | 13% | 33900.00 |
| | | | | | | | |
| | | | | | | | |
| | | | | | | | |
| | | | | | | | |
| | | | | | | | |
| | | | | | | | |
| | | | | | | | |
| | | | | | | | |
| | | | | | | | |
| | | | | | | | |
| | | | | | | | |

合计（大写）◎叁万叁仟玖佰元整　　　　　　　　　　　　　　　　￥33900.00

二、交货方式和费用承担：交货方式：　货交承运人　，交货时间：2023年12月20日前，交货地点：销售方所在地　，运费由乙方　承担。

三、付款时间与付款方式：　合同签订时预付10000元定金，货到15天内支付剩余货款。

四、质量异议期：订货方对供货方的货物质量有异议时，应在收到货物后　10　天内提出，逾期视为货物质量合格。

五、未尽事宜经双方协商可作补充协议，与本合同具有同等效力。

六、本合同自双方签字、盖章之日起生效：本合同壹式贰份，甲乙双方各执壹份。

甲方（签章）：宁波爱美食品有限公司　　　　　乙方（签章）：浙江华业食品有限责任公司

授权代表：　田小丽　　　　　　　　　　　　　授权代表：　寿以嘉

地　址：宁波市海曙区府东路66号　　　　　　地　址：浙江省绍兴市筏工路995

电　话：132 0789 0012　　　　　　　　　　　电　话：0575-87256666

2023　年12　月09　日　　　　　　　　　　　2023　年12　月09　日

业务11-2

## 进账单（收账通知）

2023 年 12 月 09 日　　　　　3

| 出票人 | 全　称 | 宁波爱美食品有限公司 | 收款人 | 全　称 | 浙江华业食品有限责任公司 |
|---|---|---|---|---|---|
| | 账　号 | 023679010023 | | 账　号 | 1202 0089 0190 0081 698 |
| | 开户银行 | 中国银行海曙支行 | | 开户银行 | 中国工商银行绍江支行 |

| 金额 | 人民币（大写） | 壹万元整 | | 千 | 百 | 十 | 万 | 千 | 百 | 十 | 元 | 角 | 分 |
|---|---|---|---|---|---|---|---|---|---|---|---|---|---|
| | | | | | ¥ | 1 | 0 | 0 | 0 | 0 | 0 | 0 | 0 |

| 票据种类 | 转账支票 | 票据张数 | 1 |
|---|---|---|---|
| 票据号码 | 0098456 | | |

复核　　　　　记账

中国工商银行绍江支行
20231209
转讫

收款人开户银行盖章

此联是收款人的开户银行通知交给收款人

业务 12-1

| 银行承兑汇票 | | | | | | | 2 | | C A 0 1 | 0098532 |
|---|---|---|---|---|---|---|---|---|---|---|

出票日期 （大写）   贰零贰叁 年壹拾贰 月零壹拾 日

| 出票人全称 | 浙江大好食品有限公司 | 收款人 | 全称 | 浙江华业食品有限责任公司 |
|---|---|---|---|---|
| 出票人账号 | 1202 0006 8970 6342 90 | | 账号 | 1202 0089 0190 0081 698 |
| 付款行全称 | 中国工商银行温州村支行 | | 开户银行 | 中国工商银行绍江支行 |

| 出票金额 | 人民币 （大写） | 陆万伍仟元整 | 亿 千 百 十 万 千 百 十 元 角 分 |
|---|---|---|---|
| | | | ¥ 6 5 0 0 0 0 0 |

| 汇票到期日 （大写） | 贰零贰肆年陆月零壹拾日 | 付款行 | 行号 | 006359 |
|---|---|---|---|---|
| 承兑协议编号 | 003679210 | | 地址 | 温州市龙湾区甬江路9号 |

本汇票请你行承兑，到期无条件付款

浙江大好食品有限公司财务专用章

江锋印

出票人签章

承兑行签章

承兑日期：2023 年12 月10 日

备注：

复核        记账

| 被背书人 | 被背书人 | 被背书人 |
|---|---|---|
| | | |
| 背书人签章 年 月 日 | 背书人签章 年 月 日 | 背书人签章 年 月 日 |

持票人向银行
提示付款签章：

身份证件名称：

号　码：

发证机关：

粘贴处

业务 13-1

# 中国工商银行

凭证

电子缴税付款凭证

缴税日期：2023 年 12 月 10 日　　　　　　　　　　　凭证字号：　000561098

| 纳税人全称及纳税人识别号：　9133 0806 6989 9812 68 | |
| --- | --- |
| 付款人全称：　浙江华业食品有限责任公司 | |
| 付款人账号：　1202 0089 0190 0081 698 | 征收机关名称：　绍兴市税务局（一户通） |
| 付款人开户行：　中国工商银行绍江支行 | 收款国库（银行）名称：　国家金库绍兴市支库 |
| 小写（合计）金额：　￥3000.00　　　　元 | 缴款书交易流水号：　00009000876 |
| 大写（合计）金额　　人民币叁仟元整 | 税票号码：　00087675 |

| 税（费）种名称 | 税款所属期 | 实缴金额（单位：元） |
| --- | --- | --- |
| 增值税 | 20231201——20231231 | 3000.00 |

第　　1　　次打印　　　　　　　　打印时间：　2023　年　12　　　　月 10　　　　日

客户回单联　　　　　验证码：　00002　　　　复核　0002　　　　记录　0001

业务 14-1

# 购销合同

合同编号 20231210

购货单位（甲方）：　　浙江未来美生态有限公司

供货单位（乙方）：　　浙江华业食品有限责任公司

根据《中华人民共和国合同法》及国家相关法律、法规之规定，甲乙双方本着平等互利的原则，就甲方购买乙方货物一事达成以下协议。

一、货物的名称、数量及价格

| 货物名称 | 规格型号 | 单位 | 数量 | 单价 | 金额 | 税率 | 价税合计 |
|---|---|---|---|---|---|---|---|
| 芝士年糕 | | 箱 | 320 | 200.00 | 64000.00 | 13% | 72320.00 |
| | | | | | | | |
| | | | | | | | |
| | | | | | | | |
| | | | | | | | |
| | | | | | | | |
| | | | | | | | |
| | | | | | | | |
| | | | | | | | |
| | | | | | | | |
| | | | | | | | |
| | | | | | | | |
| | | | | | | | |
| 合计（大写）◎柒万贰仟叁佰贰拾元整 | | | | | | | ￥72320.00 |

二、交货方式和费用承担：交货方式　货交承运人　　　　，交货时间：2023年12月10日前，交货地点：销售方所在地　　　　　　　　　，运费由　　　承担。

三、付款时间与付款方式：　货物发出后付款，约定商业承兑汇票结算

四、质量异议期：订货方对供货方的货物质量有异议时，应在收到货物后　10　天内提出，逾期视为货物质量合格。

五、未尽事宜经双方协商可作补充协议，与本合同具有同等效力。

六、本合同自双方签字、盖章之日起生效；本合同壹式贰份，甲乙双方各执壹份。

甲方（签章）：浙江未来美生态有限公司　　　　　　　乙方（签章）：浙江华业食品有限责任公司

授权代表：瀛未来　　　　　　　　　　　　　　　　　授权代表：寿双喜

地　　址：浙江省白州市椒江区爱华路200号　　　　　地　　址：浙江省绍兴市镜湖路99号

电　　话：13625897465　　　　　　　　　　　　　　电　　话：0575-87256666

　2023　年　12　月　09　日　　　　　　　　　　　　　2023　年　12　月　09　日

业务 14-2

# 商业承兑汇票

2　$\overset{A}{\underset{0}{}}\overset{B}{\underset{1}{}}$　00023120

出票日期（大写）　贰零贰叁 年 壹拾贰 月 零壹拾 日

| 付款人 | 全称 | 浙江未来美生态有限公司 | 收款人 | 全称 | 浙江华业食品有限责任公司 |
|---|---|---|---|---|---|
| | 账号 | 12045289670 | | 账号 | 1202008901900081698 |
| | 开户银行 | 中国农业银行爱华路支行 | | 开户银行 | 中国工商银行绍江支行 |

| 出票金额 | 人民币（大写） | 柒万贰仟叁佰贰拾元整 | 亿 千 百 十 万 千 百 十 元 角 分 ¥ 7 2 3 2 0 0 0 |
|---|---|---|---|

| 汇票到期日（大写） | 贰零贰肆年陆月零壹拾日 | 付款行 | 行号 | 00087457 |
|---|---|---|---|---|
| 交易合同号码 | 20231210 | | 地址 | 浙江杭州爱华路31号 |

| 本汇票已经承兑，到期无条件支付票款 | 本汇票请予以承兑于到期日汇款 |
|---|---|
| 未来印张　浙江未来美生态有限公司财务专用章<br>承兑日期：2023 年 12 月 10 日 | 未来印张　浙江未来美生态有限公司财务专用章 |

注意事项
一、本票在指定的城市范围使用。
二、本票经背书人同意可以转让。

| 被背书人 | 被背书人 | 被背书人 |
|---|---|---|
| 背书人签章<br>年　　月　　日 | 背书人签章<br>年　　月　　日 | 背书人签章<br>年　　月　　日 |

## 业务 14-3

发票代码：03312600268
发票号码：0895673001
开票日期：2023年12月10日
校验码：00098342190

普通发票

机器编码：　00023678

| 购买方 | 名　称： | 浙江未来美生态有限公司 |
| --- | --- | --- |
| | 纳税人识别号： | 913308166349761XL8 |
| | 地址、电话： | 浙江省台州市椒江区爱华路200号13625897465 |
| | 开户行及账号： | 中国农业银行爱华路支行 12045289670 |

密码区：
67/*+3*0/611*++0/+0*/*+3+2/9
*11*+66666**066611*+66666*
1**+216***6000*261*2*4/*547
203994+-42*64151*6915361/3*

| 货物或应税劳务、服务名称 | 规格型号 | 单位 | 数量 | 单价 | 金额 | 税率 | 税额 |
| --- | --- | --- | --- | --- | --- | --- | --- |
| 食品*芝士年糕 | | 箱 | 320 | 200.00 | 64000.00 | 13% | 8320.00 |
| 合　计 | | | | | ￥64000.00 | | ￥8320.00 |

价税合计（大写）　⊗柒万贰仟叁佰贰拾元整　　　（小写）￥72320.00

| 销售方 | 名　称： | 浙江华业食品有限责任公司 |
| --- | --- | --- |
| | 纳税人识别号： | 913308066989981268 |
| | 地址、电话： | 浙江省绍兴市钱江路99号0575-87256666 |
| | 开户行及账号： | 中国工商银行绍江支行1202008901900081698 |

备注

收款人：陈明　　　复核：梁慧慧　　　开票人：何德意　　　销售方：（章）

国税函〔2014〕257号浙江印制厂

---

## 业务 14-4

# 出库单　　No 0098708

会计部门编号 0012367
仓库部门编号 0001
2023 年 12 月 10 日

| 编号 | 名称 | 规格 | 单位 | 出库数量 | 单价 | 金额 | 备注 |
| --- | --- | --- | --- | --- | --- | --- | --- |
| 1 | 芝士年糕 | | 箱 | 320 | | | |
| | | | | | | | |
| | | | | | | | |
| | | | | | | | |
| 合　计 | | | | | | | |

生产车间或部门：一车间　　　　　　仓库管理员：陈伟明

第二联交财务部

## 业务 15-1

<h2 style="text-align:center">交割单</h2>

营业部名：东海证券绍兴营业部
股东姓名：寿双喜
资金账户：中国工商银行绍兴支行
当前币种：人民币

| 成交日期 | 交易类别 | 证券名称 | 成交价格 | 成交数量 | 成交金额 | 结算价 | 实收佣金 | 印花税 | 应付金额 |
|---|---|---|---|---|---|---|---|---|---|
| 2023年12月11日 | | 乐天股份 | 10.00 | 60000 | 600000.00 | | 1848.00 | | 601848.00 |

视频 4　交易性
金融资产

业务 16-1

# 购销合同

合同编号20231211003

购货单位（甲方）：　浙江华业食品有限责任公司
供货单位（乙方）：　台州市灿烂食品有限公司

根据《中华人民共和国合同法》及国家相关法律、法规之规定，甲乙双方本着平等互利的原则，就甲方购买乙方货物一事达成以下协议。

一、货物的名称、数量及价格

| 货物名称 | 规格型号 | 单位 | 数量 | 单价 | 金额 | 税率 | 价税合计 |
|---|---|---|---|---|---|---|---|
| 普通大米 | | 千克 | 10000 | 3.40 | 34000.00 | 13% | 38420.00 |
| | | | | | | | |
| | | | | | | | |
| | | | | | | | |
| | | | | | | | |
| | | | | | | | |
| | | | | | | | |
| | | | | | | | |
| | | | | | | | |
| | | | | | | | |
| | | | | | | | |
| | | | | | | | |

合计（大写）⊗叁万捌仟肆佰贰拾元整　　　　　　　　　　　　¥38420.00

二、交货方式和费用承担：交货方式：　交承运方承运　　　，交货时间：2023年12月11日前，交货地点：销售方所在地　　　　　　　　　，运费由 销售方 承担。

三、付款时间与付款方式：　货到后10天内付款，票据支付

四、质量异议期：订货方对供货方的货物质量有异议时，应在收到货物后　10　天内提出，逾期视为货物质量合格。

五、未尽事宜经双方协商可作补充协议，与本合同具有同等效力。

六、本合同自双方签字、盖章之日起生效；本合同壹式贰份，甲乙双方各执壹份。

甲方（签章）：浙江华业食品有限责任公司　　　乙方（签章）：台州市灿烂食品有限公司
授权代表：寿效富　　　　　　　　　　　　　授权代表：管晓
地　　址：浙江省绍兴市钱江路99号　　　　　地　　址：台州市椒江区丰收路168号
电　　话：0575-82256666　　　　　　　　电　　话：135 6790 5634
2023 年 12 月 10 日　　　　　　　　　　　2023 年 12 月 10 日

业务 16-2

电子发票（全国统一增值税专用发票）

发票号码： 900124568903468893

开票日期： 2023年12月11日

| 购买方信息 | 名称： 浙江华业食品有限责任公司 |||||| 销售方信息 | 名称： 台州市灿岙食品有限公司 ||
|---|---|---|---|---|---|---|---|---|---|
| | 统一社会信用代码/纳税人识别号： 9133 0806 6989 9812 68 |||||| | 统一社会信用代码/纳税人识别号： 9133 3421 5577 8902 99 ||

| 项目名称 | 规格型号 | 单位 | 数量 | 单价 | 金额 | 税率/征收率 | 税额 |
|---|---|---|---|---|---|---|---|
| 谷物加工类*大米 | | 千克 | 10000 | 3.40 | 34000.00 | 13% | 4420.00 |
| 合　计 | | | | | ￥34000.00 | | ￥4420.00 |
| 价税合计（大写） | ⊙叁万捌仟肆佰贰拾元整 | | | | | （小写）　￥38420.00 | |
| 备注 | | | | | | | |

开票人：

---

业务 17-1

## 中国工商银行进账单（回单）　　　1

2023 年 12 月 12 日

| 出票人 | 全　称 | 上海开拓食品有限公司 | 收款人 | 全　称 | 浙江华业食品有限责任公司 |
|---|---|---|---|---|---|
| | 账　号 | 7860912650 | | 账　号 | 1202 0089 0190 0081 698 |
| | 开户银行 | 交通银行上海黄埔支行 | | 开户银行 | 中国工商银行绍江支行 |

| 金额 | 人民币（大写）壹拾壹万叁仟元整 | 亿 | 千 | 百 | 十 | 万 | 千 | 百 | 十 | 元 | 角 | 分 |
|---|---|---|---|---|---|---|---|---|---|---|---|---|
| | | | | ￥ | 1 | 1 | 3 | 0 | 0 | 0 | 0 | 0 |

| 票据种类 | 银行汇票 | 票据张数 | 1 |
|---|---|---|---|
| 票据号码 | 0093480 | | |

中国工商银行绍江支行
2 0 2 3 1 2 1 2
转　讫

收款人开户银行盖章

复核：　　　　记账：

此联是开户银行交给持票人的回单

业务 18-1

# 收　料　单

物料类别：原材料　　　　　日期：2023年12月13日　　　车号：　　　　　　编号：20231212001
供应单位：台州市灿烂食品有限公司　结算方式：　　　　　　合同号：20231211003
供应方式：　　　　　　　　　点收形式：　　　　　　　发票号：03468893

| 材料/编号 | 物料名称 | 规格型号 | 单位 | 数量 | 账面价 | | 采购价 | | 价差 | 出产厂商出厂日期 | 炉号批号等级强度 | 备注 |
|---|---|---|---|---|---|---|---|---|---|---|---|---|
| | | | | | 单价 | 金额 | 单位 | 金额 | | | | |
| 001 | 普通大米 | | 千克 | 1 0000 | | | 千克 | 34 000.00 | | | | |
| | | | | | | | | | | | | |
| | | | | | | | | | | | | |
| | | | | | | | ￥34 000.00 | | | | | |
| | 合计 | | | | | | | | | | | |

物资主管　　　　　　　收料人：陈伟明　　　　　　交料人：崔小小　　　　　制单：陈伟明

---

业务 19-1

# 付款申请书

2023 年 12 月 13 日填　　　　　　　　　　　　　　字003　号

| 收款单位 | 台州市灿烂食品有限公司 | | 付款原因 |
|---|---|---|---|
| 账　号 | 1212006598000120 | | |
| 开户行 | 台州银行钱江新区支行 | | |
| 金　额 | 零佰零拾叁万捌仟肆佰贰拾零元零角零分 | | |
| 附　件 | 1　　　　张 | 金额（小写）　￥38 420.00 | 支付货款 |
| 审批 同意 叶丽丽 | | 财务 同意 高荣 | |

财务主管　　　　记账 何德意　　　复核 梁慧慧　　　　出纳 陈明　　　　制单 赵飞

业务 19-2

## 银行承兑汇票协议 1

编号：20231213008

银行承兑汇票的内容：

| | |
|---|---|
| 出票人全称　浙江华业食品有限责任公司 | 收款人全称　台州市灿烂食品有限公司 |
| 开户银行　中国工商银行绍江支行 | 开户银行　台州银行钱江新区支行 |
| 账　号　1202 0089 0190 0081 698 | 账　号　1212006598000120 |
| 汇票号码　00231209008 | 汇票金额（大写）　人民币叁万捌仟肆佰贰拾元整 |
| 出票日期 贰零贰叁 年 壹拾贰 月 壹拾叁 日 | 到期时间 贰零贰肆 年 陆 月 壹拾叁 日 |

以上汇票经银行承兑，出票人愿遵守《支付结算办法》的规定及下列条款：

一、出票人于汇票到期日前将应付票款足额交存承兑银行。

二、承兑手续费按票面金额千分之（　五　）计算，在银行承兑时一次付清。

三、出票人与持票人如发生任何交易纠纷，均由其双方自行处理，票款于到期前仍按第一条办理不误。

四、承兑汇票到期日，承兑银行凭票无条件支付票款。如到期日之前出票人不能足额交付票款时，承兑银行对不足支付部分的票款转作出票申请人逾期贷款，并按照有关规定计收罚息。

五、承兑汇票款付清后，本协议自动失效。

承兑银行（章）

出票人签章

2023 年 12 月 13 日

业务 19-3

## 银行承兑汇票

**2**　GA 01　7800023

出票日期（大写）　贰零贰叁 年 壹拾贰 月 壹拾叁 日

| 出票人全称 | 浙江华业食品有限责任公司 | 收款人 | 全称 | 台州市灿烂食品有限公司 |
|---|---|---|---|---|
| 出票人账号 | 1202008901900081698 | | 账号 | 1212006598000120 |
| 付款行全称 | 中国工商银行绍江支行 | | 开户银行 | 台州银行钱江新区支行 |

| 出票金额 | 人民币（大写） | 叁万捌仟肆佰贰拾元整 | 亿 千 百 十 万 千 百 十 元 角 分 ¥ 3 8 4 2 0 0 0 |
|---|---|---|---|

| 汇票到期日（大写） | 贰零贰肆年陆月壹拾叁日 | 付款行 | 行号 | 00834867 |
|---|---|---|---|---|
| 承兑协议编号 | 20231213008 | | 地址 | 浙江省绍兴市钱江路110号 |

本汇票请你行承兑,到期无条件付款

（浙江华业食品有限责任公司 财务专用章）（喜寿印双）

出票人签章

本汇票已经承兑,到期日由本行付款汇款

（中国工商股份有限公司 绍兴市绍极支行专用章 业务专用章）

承兑日期:2023 年 1 月 1 日

备注:

复核　　记账

此联收款人开户行随托收凭证寄付款行作借方凭证附件

| 被背书人 | 被背书人 | 被背书人 |
|---|---|---|
| | | |
| 背书人签章 年　月　日 | 背书人签章 年　月　日 | 背书人签章 年　月　日 |

粘贴处

持票人向银行提示付款签章:

身份证件名称:

号　码:

发证机关:

业务 20-1

# 付款申请书

2023 年 12 月 14 日填　　　　　　　　　　　　字004　号

| 收款单位 | 青岛宜佳食品有限公司 | | 付款原因 |
|---|---|---|---|
| 账　号 | 120299086600562309 | | |
| 开户行 | 中国工商银行市北区支行 | | |
| 金　额 | 零佰零 拾叁 万叁 仟玖 佰零 拾零 元零 角零分 | | 支付货款 |
| 附　件 | 1　　　张 | 金额（小写）　¥33 900.00 | |
| 审批 同意 叶丽丽 | | 财务 同意 高荣 | |

财务主管 高荣　　　　记账 何德意　　　　复核 梁慧慧　　　　出纳 陈明　　　　制单 赵飞

----

业务 20-2

## 中国工商银行
INDUSTRIAL AND COMMERCIAL BANK OF CHINA

**业务委托书**

委托日期 **2023** 年 **12** 月 **14** 日

银行打印　略...

| 业务类型 | ☐ 电汇 | ☐ 信汇 | ☐ 汇票申请书 | ☑ 本票申请书 | ☐ 其他 | 汇款方式 | ☐ 普通 ☐ 加急 |
|---|---|---|---|---|---|---|---|

| 委托人 | 全称 | 浙江华业食品有限责任公司 | 收款人 | 全称 | 青岛宜佳食品有限公司 |
|---|---|---|---|---|---|
| | 账号或地址 | 1202008901900081698 | | 账号或地址 | 120299086600562309 |
| | 开户行名称 | 中国工商银行绍江支行 | | 开户行名称 | 中国工商银行市北区支行 |
| | 开户银行 | 浙江 省绍兴 市 | | 开户银行 | 山东 省青岛 市 |

客户填写

金额(大写)人民币　叁万叁仟玖佰元整

| 亿 | 千 | 百 | 十 | 万 | 千 | 百 | 十 | 元 | 角 | 分 |
|---|---|---|---|---|---|---|---|---|---|---|
| | | | ¥ | 3 | 3 | 9 | 0 | 0 | 0 | 0 |

支付密码　******

加急汇款签字

用途　支付货款

上列款项及相关费用请从我账户内支付：

浙江华业食品有限责任公司财务专用章

喜寿双印

委托人签章

附加信息及用途：

第一联 记账联

事后监督：　　　会计主管：　　　复核：　　　记账：

业务 20-3

中国工商银行

付款期限
贰个月

2

BH
03
00965341

# 本 票

出票日期
（大写） 贰零贰叁 年 壹拾贰 月 壹拾肆 日

收款人：青岛宜佳食品有限公司　　　　申请人：浙江华业食品有限责任公司

凭票即付 人民币
（大写） 叁万叁仟玖佰元整　　　　　　　　￥33900.00

转账☑ 现金☐

备注：

出票人签章

出纳　　　复核　　　经办

此联出票行结清本票时作借方凭证

注意事项
一、本票在指定的城市范围使用。
二、本票经背书人同意可以转让。

| 被背书人 | 被背书人 | 被背书人 |
|---|---|---|
| 背书人签章<br>年　月　日 | 背书人签章<br>年　月　日 | 背书人签章<br>年　月　日 |

业务 21-1

# 购销合同

合同编号20231212006

购货单位（甲方）： 浙江华业食品有限责任公司

供货单位（乙方）： 凌云电器有限公司

根据《中华人民共和国合同法》及国家相关法律、法规之规定，甲乙双方本着平等互利的原则，就甲方购买乙方货物一事达成以下协议。

一、货物的名称、数量及价格

| 货物名称 | 规格型号 | 单位 | 数量 | 单价 | 金额 | 税率 | 价税合计 |
|---|---|---|---|---|---|---|---|
| 美乐美空调 | L009 | 台 | 1 | 6000.00 | 6000.00 | 13% | 6780.00 |
| 美乐美空调 | XL001 | 台 | 1 | 10000.00 | 10000.00 | 13% | 11300.00 |
| | | | | | | | |
| | | | | | | | |
| | | | | | | | |
| | | | | | | | |
| | | | | | | | |
| | | | | | | | |
| | | | | | | | |
| | | | | | | | |
| | | | | | | | |
| | | | | | | | |
| | | | | | | | |

合计（大写）⊙壹万捌仟零捌拾元整 　　　　　　　　　　　　　　　　　　　￥18080.00

二、交货方式和费用承担：交货方式： 货交承运人 ，交货时间：2023年12月14日

前，交货地点：销售方所在地 ，运费由 销售方 承担。

三、付款时间与付款方式： 货到付款，电汇支付

四、质量异议期：订货方对供货方的货物质量有异议时，应在收到货物后　10　天内提出，逾期视为货物质量合格。

五、未尽事宜经双方协商可作补充协议，与本合同具有同等效力。

六、本合同自双方签字、盖章之日起生效：本合同壹式贰份，甲乙双方各执壹份。

甲方（签章）：浙江华业食品有限责任公司　　　　　乙方（签章）：凌云电器有限公司

授权代表：朱艳喜　　　　　　　　　　　　　　　　授权代表：赵凌云

地　址：浙江省绍兴市钱江路99号　　　　　　　　地　址：公司杭州高新区312号

电　话：0575-87255666　　　　　　　　　　　　　电　话：132 9067 5555

2023 年 12 月 13 日　　　　　　　　　　　　　　　2023 年 12 月 13 日

业务 21-2

全国增值税统一发票　NO 009001003

开票日期：2023年12月13日

| 购买方 | 名　称：浙江华业食品有限责任公司 | | | | | 密码区 | 67/*+3*0/611*++0/+0*/*+3+2 |
|---|---|---|---|---|---|---|---|
| | 纳税人识别号：9133 0806 6989 9812 68 | | | | | | *11*+66666**066611*+66666* |
| | 地址、电话：浙江省绍兴市钱江路99号　0575-87256666 | | | | | | 1**+216***6000*261*2*4/*54 |
| | 开户行及账号：中国工商银行绍江支行　1202 0089 0190 0081 698 | | | | | | 203994+-42*64151*6915361/3 |

| 货物或应税劳务、服务名称 | 规格型号 | 单位 | 数量 | 单价 | 金额 | 税率 | 税额 |
|---|---|---|---|---|---|---|---|
| 电器类*美乐美空调 | L009 | 台 | 1 | 6000.00 | 6000.00 | 13% | 780.00 |
| 电器类*美乐美空调 | XL001 | 台 | 1 | 10000.00 | 10000.00 | 13% | 1300.00 |
| 合　计 | | | | | ￥16000.00 | | ￥2080.00 |

| 价税合计（大写） | ⊗壹万捌仟零捌拾元整 | | （小写）　￥18080.00 |
|---|---|---|---|

| 销售方 | 名　称：凌云电器有限公司 | 备注 | 凌云电器有限公司 |
|---|---|---|---|
| | 纳税人识别号：9133 0004 1002 98XL 01 | | |
| | 地址、电话：杭州市高新区312号　132 9067 5555 | | 9133000410029XL01 |
| | 开户行及账号：杭州银行高新区支行　2011 2302 0078 009 | | 发票专用章 |

收款人：赵焜　　　复核：李锋　　　开票人：王美　　　销售方：章

国税函 (2014) 257 号浙江印制厂

第三联：发票联 购买方记账凭证

---

业务 21-3

## 付款申请书

2023 年 12 月 14 日填　　　　　　　字005 号

| 收款单位 | 凌云电器有限公司 | | 付款原因 |
|---|---|---|---|
| 账　号 | 201123020078009 | | |
| 开户行 | 杭州银行高新区支行 | | |
| 金　额 | 零佰零拾壹万捌仟零佰捌拾零元零角零分 | | |
| 附　件 | 1　　　张 | 金额（小写）　￥18 080.00 | 支付货款 |
| 审批　同意 叶丽丽 | | 财务　同意 高荣 | |

财务主管 高荣　　　记账 何德意　　　复核 梁慧慧　　　出纳 陈明　　　制单 赵飞

业务 22-1

# 购销合同

合同编号20231212010

购货单位（甲方）： 浙江华业食品有限责任公司

供货单位（乙方）： 杭州好幸福大米有限公司

根据《中华人民共和国合同法》及国家相关法律、法规之规定，甲乙双方本着平等互利的原则，就甲方购买乙方货物一事达成以下协议。

一、货物的名称、数量及价格

| 货物名称 | 规格型号 | 单位 | 数量 | 单价 | 金额 | 税率 | 价税合计 |
|---|---|---|---|---|---|---|---|
| 生态大米 | | 千克 | 22000 | 5.00 | 110000.00 | 13% | 124300.00 |
| | | | | | | | |
| | | | | | | | |
| | | | | | | | |
| | | | | | | | |
| | | | | | | | |
| | | | | | | | |
| | | | | | | | |
| | | | | | | | |
| | | | | | | | |
| | | | | | | | |
| | | | | | | | |
| | | | | | | | |
| | | | | | | | |
| 合计（大写）◎壹拾贰万肆仟叁佰元整 | | | | | | | ￥124300.00 |

二、交货方式和费用承担：交货方式： 货交承运人 ，交货时间：2023年12月14日前，交货地点：销售方所在地 ，运费由 销售方 承担。

三、付款时间与付款方式： 货到付款，票据支付 。

四、质量异议期：订货方对供货方的货物质量有异议时，应在收到货物后 10 天内提出，逾期视为货物质量合格。

五、未尽事宜经双方协商可作补充协议，与本合同具有同等效力。

六、本合同自双方签字、盖章之日起生效；本合同壹式贰份，甲乙双方各执壹份。

甲方（签章）：浙江华业食品有限责任公司　　　　　　乙方（签章）：杭州好幸福大米有限公司

授权代表：劳购双喜　　　　　　　　　　　　　　　　授权代表：工欢乐

地　址：浙江省嘉兴市钱江路99号　　　　　　　　　地　址：杭州下城区文化路20号

电　话：0573-8701566　　　　　　　　　　　　　　电　话：0571-8901 2309

2023 年 12 月 12 日　　　　　　　　　　　　　　　2023 年 12 月 12 日

业务 22-2

电子发票国统增值税（专用发票）

发票号码：0009901120001
开票日期：2023年12月13日

| 购买方信息 | 名称：浙江华业食品有限责任公司 | | | 销售方信息 | 名称：杭州好幸福大米有限公司 | | | | |
|---|---|---|---|---|---|---|---|---|---|
| | 统一社会信用代码/纳税人识别号：9133 0806 6989 9812 68 | | | | 统一社会信用代码/纳税人识别号：9133 1212 1314 0090 14 | | | | |

| 项目名称 | 规格型号 | 单位 | 数量 | 单价 | 金额 | 税率/征收率 | 税额 |
|---|---|---|---|---|---|---|---|
| 谷物类*生态大米 | | 千克 | 22000 | 5.00 | 110000.00 | 13% | 14300.00 |
| 合　计 | | | | | ￥110000.00 | | ￥14300.00 |

| 价税合计（大写） | ⊗壹拾贰万肆仟叁佰元整 | （小写）￥124300.00 |
|---|---|---|

备注

开票人：汪小乐

---

业务 22-3

# 收 料 单

物料类别：原材料　　　　日期：2023年12月14日　　车号：　　　　　　编号：20231214008
供应单位：杭州好幸福大米有限公司　结算方式：　　　　　合同号：20231212010
供应方式：　　　　　　　点收形式：　　　　　发票号：0009901120001

| 材料/编号 | 物料名称 | 规格型号 | 单位 | 数量 | 账面价 | | 采购价 | | 价差 | 出产厂商出厂日期 | 炉号批号等级强度 | 备注 |
|---|---|---|---|---|---|---|---|---|---|---|---|---|
| | | | | | 单价 | 金额 | 单位 | 金额 | | | | |
| 002 | 生态大米 | | 千克 | 22 000 | | | 千克 | 110 000 | | | | |
| | | | | | | | | | | | | |
| | | | | | | | | | | | | |
| | | | | | | | | | | | | |
| 合计 | | | | | | | | ￥110 000 | | | | |

物资主管　　　　　收料人：陈伟明　　　　交料人：王乐天　　　　制单：陈伟明

业务 22-4

# 付款申请书

2023 年 12 月 14 日填      字006 号

| 收款单位 | 杭州好幸福大米有限公司 | 付款原因 |
|---|---|---|
| 账 号 | 2011256021278010 | |
| 开户行 | 杭州银行文化路支行 | |
| 金 额 | 零 佰壹 拾贰 万肆 仟叁 佰零 拾零 元零 角零 分 | 支付 货款 |
| 附 件 | 1 张   金额（小写）￥124 300.00 | |
| 审批 同意 叶丽丽 | 财务 同意 高荣 | |

财务主管 高荣    记账 何德意    复核 梁慧慧    出纳 陈明    制单 赵飞

---

业务 22-5

# 商业承兑汇票（卡片）

1   汇票号码009675401

出票日期(大写) 贰零贰叁 年 壹拾贰 月 壹拾肆 日

| 付款人 | 全称 | 浙江华业食品有限责任公司 | 收款人 | 全称 | 杭州好幸福大米有限公司 |
|---|---|---|---|---|---|
| | 账号 | 1202 0089 0190 0081 698 | | 账号 | 2011256021278010 |
| | 开户银行 | 中国工商银行绍江支行 | | 开户银行 | 杭州银行文化路支行 |

| 出票金额 | 人民币(大写) | 壹拾贰万肆仟叁佰元整 | 亿千百十万千百十元角分 ￥1 2 4 3 0 0 0 0 |
|---|---|---|---|

| 汇票到期日(大写) | 贰零贰肆年陆月壹拾肆日 | 付款人开户行 | 行号 | 00834867 |
|---|---|---|---|---|
| 交易合同号码 | 20231212010 | | 地址 | 浙江省绍兴市钱江路110号 |

浙江华业食品有限责任公司财务专用章   喜寿印双   出票人签章

备注：

此联承兑人留存

业务 23-1

# 购销合同

合同编号20231214012

购货单位（甲方）： 浙江华业食品有限责任公司

供货单位（乙方）： 杭州多米多食品包装材料有限公司

根据《中华人民共和国合同法》及国家相关法律、法规之规定，甲乙双方本着平等互利的原则，就甲方购买乙方货物一事达成以下协议。

一、货物的名称、数量及价格

| 货物名称 | 规格型号 | 单位 | 数量 | 单价 | 金额 | 税率 | 价税合计 |
|---|---|---|---|---|---|---|---|
| 周转材料 | | 个 | 8000 | 0.50 | 4000.00 | 13% | 4520.00 |
| | | | | | | | |
| | | | | | | | |
| | | | | | | | |
| | | | | | | | |
| | | | | | | | |
| | | | | | | | |
| | | | | | | | |
| | | | | | | | |
| | | | | | | | |
| | | | | | | | |
| | | | | | | | |
| | | | | | | | |
| 合计（大写）◎肆仟伍佰贰拾元整 | | | | | | | ¥4520.00 |

二、交货方式和费用承担：交货方式： 货交承运 ，交货时间：2023年12月15日前，交货地点：销售方所在地 ，运费由 销售方 承担。

三、付款时间与付款方式： 货到20天内付款

四、质量异议期：订货方对供货方的货物质量有异议时，应在收到货物后 10 天内提出，逾期视为货物质量合格。

五、未尽事宜经双方协商可作补充协议，与本合同具有同等效力。

六、本合同自双方签字、盖章之日起生效；本合同壹式贰份，甲乙双方各执壹份。

甲方（签章）：浙江华业食品有限责任公司　　　　乙方（签章）：杭州多米多食品包装材料有限公司

授权代表：游双喜　　　　　　　　　　　　　　授权代表：杭建军

地　址：浙江省某市钱江路99号　　　　　　　地　址：杭州钱塘新区80号

电　话：0575-87256666　　　　　　　　　　电　话：0571-3678 8900

2023 年 12 月 14 日　　　　　　　　　　　2023 年 12 月 14 日

视频 5　低值
易耗品

## 业务 23-2

电子发票（国家税增值税专用发票）

发票号码：0009901125201
开票日期：2023年12月15日

| 购买方信息 | 名称：浙江华业食品有限责任公司 统一社会信用代码/纳税人识别号：9133 0806 6989 9812 68 | 销售方信息 | 名称：杭州多米多食品包装材料有限公司 统一社会信用代码/纳税人识别号：9133 0909 3210 6780 98 |
|---|---|---|---|

| 项目名称 | 规格型号 | 单位 | 数量 | 单价 | 金额 | 税率/征收率 | 税额 |
|---|---|---|---|---|---|---|---|
| 周转材料*包装袋 | | 个 | 8000 | 0.50 | 4000.00 | 13% | 520.00 |
| 合 计 | | | | | ¥4000.00 | | ¥520.00 |

价税合计（大写）：◎肆仟伍佰贰拾元整　　（小写）¥4520.00

备注

开票人：黄豆豆

## 业务 23-3

### 收 料 单

物料类别：周转材料　　日期：2023年12月15日　车号：　　编号：20231215008
供应单位：多米多食品包装材料有限公司　结算方式：　　合同号：20231214012
供应方式：　　点收形式：　　发票号：0009901125201

| 材料/编号 | 物料名称 | 规格型号 | 单位 | 数量 | 账面价 单价 | 账面价 金额 | 采购价 单位 | 采购价 金额 | 价差 | 出产厂商 出厂日期 | 炉号批号 等级强度 | 备注 |
|---|---|---|---|---|---|---|---|---|---|---|---|---|
| 003 | 周转材料*包装袋 | | 个 | 8 000 | | | 个 | 4 000.00 | | | | |
| | | | | | | | | | | | | |
| | | | | | | | | | | | | |
| | | | | | | | | | | | | |
| 合计 | | | | | | | | ¥4 000.00 | | | | |

物资主管　　收料人：陈伟明　　交料人：周多多　　制单：陈伟明

业务 24-1

中国工商银行
现金支票存根
10680561

06533791

附加信息

出票日期 2023 年 12 月 15 日

收款人：浙江华业食品
有限责任公司

金　额：¥120372.24

用　途：备用金

单位主管　　　会计

浙江美绍华印刷有限公司·2014年印刷

根据《中华人民共和国票据法》等法律法规的规定，签发空头支票由中国人民银行处以票面金额5%但不低于1000元的罚款。

---

业务 25-1

# 中国工商银行

凭证

电子缴税付款凭证

缴税日期：2023 年 12 月 15 日　　　　　　　　凭证字号：　90012368

| 纳税人全称及纳税人识别号： | 浙江华业食品有限责任公司 | 9133 0806 6989 9812 68 |
|---|---|---|

付款人全称：　浙江华业食品有限责任公司

付款人账号：　1202 0089 0190 0081 698　　　　征收机关名称：　绍兴市税务局（一户通）

付款人开户行：　中国工商银行绍江支行　　　　收款国库（银行）名称：　国家金库绍兴市支库

小写（合计）金额：　¥12208.00　　　　元　　　缴款书交易流水号：　00090001

大写（合计）金额：　人民币壹万贰仟贰佰零捌元整　　税票号码：　8009076

| 税（费）种名称 | 税款所属期 | 实缴金额（单位：元） |
|---|---|---|
| 增值税 | 20231101——20231130 | 10900.00 |
| 城市维护建设税 | 20231101——20231130 | 763.00 |
| 教育附加 | 20231101——20231130 | 327.00 |
| 地方教育附加 | 20231101——20231130 | 218.00 |

第 1　　　　次打印　　　　　　　打印时间：　2024 年 01　　　　月 06　　　　日

客户回单联　　　　验证码：　　　　　复核　　　　　　记录

业务 26-1

## 中国工商银行

凭证

电子缴税付款凭证

缴税日期：2023 年 12 月 15 日　　　　　　　　　　　凭证字号：　90012380

| 纳税人全称及纳税人识别号： | 浙江华业食品有限责任公司 | | 913308066989981268 |
|---|---|---|---|

付款人全称：　　浙江华业食品有限责任公司

| 付款人账号：　1202008901900081698 | 征收机关名称：　绍兴市税务局(一户通) |
|---|---|
| 付款人开户行：　中国工商银行绍江支行 | 收款国库(银行)名称：　国家金库绍兴市支库 |
| 小写(合计)金额：　　￥38308.80　　　元 | 缴款书交易流水号：　00090009 |
| 大写(合计)金额　　人民币叁万捌仟叁佰零捌元捌角整 | 税票号码：　8009080 |

| 税(费)种名称 | 税款所属期 | 实缴金额(单位：元) |
|---|---|---|
| 养老保险费——企业单位缴纳 | 20231101——20231130 | 15456.00 |
| 养老保险费——企业职工缴纳 | 20231101——20231130 | 8832.00 |
| 失业保险费——企业单位缴纳 | 20231101——20231130 | 552.00 |
| 失业保险费——企业职工缴纳 | 20231101——20231130 | 552.00 |
| 工伤保险费　企业单位缴纳 | 20231101——20231130 | 220.80 |
| 基本医疗保险——企业单位缴纳 | 20231101——20231130 | 10488.00 |
| 基本医疗保险——企业职工缴纳 | 20231101——20231130 | 2208.00 |

| 第 1 次打印 | 打印时间： | | 2024 年 01 月 06 日 |
|---|---|---|---|

客户回单联　　　　　　验证码：　　　　　　复核　　　　　　记录

业务27-1

# 中国工商银行

凭证

电子缴税付款凭证

缴税日期：2023 年 12 月 15 日　　　　　　　　　　凭证字号：　90012369

| 纳税人全称及纳税人识别号：　浙江华业食品有限责任公司 | 913308066989981268 |
|---|---|

付款人全称：　浙江华业食品有限责任公司

| 付款人账号：　1202008901900081698 | 征收机关名称：　绍兴市税务局(一户通) |
|---|---|
| 付款人开户行：　中国工商银行绍江支行 | 收款国库（银行）名称：　国家金库绍兴市支库 |
| 小写（合计）金额：　¥185.76　　　　　　元 | 缴款书交易流水号：　00090006 |
| 大写（合计）金额：　人民币壹佰捌拾伍元柒角陆分 | 税票号码：　8009079 |

| 税（费）种名称 | 税款所属期 | 实缴金额（单位：元） |
|---|---|---|
| 代扣个人所得税 | 20231101—20231130 | 185.76 |

第　1　次打印　　　　　　　　打印时间：　　　　　　　　　　　　　2024 年 01 月 06 日

客户回单联　　　　　　验证码：　　　　　　　复核　　　　　　　记录

业务28-1

# 中国工商银行

凭证

电子缴税付款凭证

缴税日期：2023 年 12 月 15 日　　　　　　　　　　　　　凭证字号：　90012399

| 纳税人全称及纳税人识别号： | 浙江华业食品有限责任公司 | | 913308066989981268 |
|---|---|---|---|

付款人全称：　浙江华业食品有限责任公司

| 付款人账号：　1202008901900081698 | 征收机关名称：　绍兴市税务局(一户通) |
|---|---|
| 付款人开户行：　中国工商银行绍江支行 | 收款国库（银行）名称：　国家金库绍兴市支库 |
| 小写（合计）金额：　　¥4800.00　　　　元 | 缴款书交易流水号：　00090074 |
| 大写（合计）金额　　人民币肆仟捌佰元整 | 税票号码：　8009096 |

| 税（费）种名称 | 税款所属期 | 实缴金额（单位：元） |
|---|---|---|
| 住房公积金——企业单位缴纳 | 20231101——20231130 | 2400.00 |
| 住房公积金——企业职工缴纳 | 20231101——20231130 | 2400.00 |

第 1 次打印　　　　　　　打印时间：　　　　　　　　　　　　　2024 年 01 月 06 日

客户回单联　　　　验证码：　　　　　复核　　　　　记录

业务 29-1

**浙江华业食品有限责任公司 2023 年 11 月工资表**　　　单位:元

| 序号 | 部门 | 姓名 | 应发工资 | 代扣款项 | | | 实发工资 |
|---|---|---|---|---|---|---|---|
| | | | | 社会保险 | 住房公积金 | 个人所得税 | |
| 1 | 管理部门 | 叶丽丽 | 14 000.00 | 504.00 | 400.00 | 122.88 | 12 973.12 |
| 2 | | 王伟 | 10 000.00 | 504.00 | 400.00 | 62.88 | 9 033.12 |
| 3 | | 方天意 | 7 000.00 | 504.00 | 400.00 | | 6 096.00 |
| 4 | | 杨晓如 | 7 000.00 | 504.00 | 400.00 | | 6 096.00 |
| 5 | 销售部门 | 赵可可 | 5 300.00 | 504.00 | 200.00 | | 4 596.00 |
| 6 | | 程宏伟 | 5 300.00 | 504.00 | 200.00 | | 4 596.00 |
| 7 | | 赵飞 | 5 300.00 | 504.00 | 200.00 | | 4 596.00 |
| 8 | 财务部门 | 高荣 | 8 000.00 | 504.00 | 400.00 | | 7 096.00 |
| 9 | | 梁慧慧 | 5 950.00 | 504.00 | 200.00 | | 5 246.00 |
| 10 | | 李明 | 5 950.00 | 504.00 | 200.00 | | 5 246.00 |
| 11 | | 何德意 | 5 750.00 | 504.00 | 200.00 | | 5 046.00 |
| 12 | 车间管理人员 | 陈伟明 | 5 800.00 | 504.00 | 200.00 | | 5 096.00 |
| 13 | 生产车间 | 张丹 | 4 700.00 | 504.00 | | | 4 196.00 |
| 14 | | 何书恒 | 4 600.00 | 504.00 | | | 4 096.00 |
| 15 | | 冯康 | 4 650.00 | 504.00 | | | 4 146.00 |
| 16 | | 单洁 | 4 400.00 | 504.00 | | | 3 896.00 |
| 17 | | 金鑫 | 4 580.00 | 504.00 | | | 4 076.00 |
| 18 | | 蔡明明 | 4 700.00 | 504.00 | | | 4 196.00 |
| 19 | | 柴国富 | 4 800.00 | 504.00 | | | 4 296.00 |
| 20 | | 高明亮 | 4 180.00 | 504.00 | | | 3 676.00 |
| 21 | | 李生 | 4 220.00 | 504.00 | | | 3 716.00 |
| 22 | | 徐天天 | 4 370.00 | 504.00 | | | 3 866.00 |
| 23 | | 蒋天真 | 5 000.00 | 504.00 | | | 4 496.00 |
| 合计 | | | 135 550.00 | 11 592.00 | 3 400.00 | 185.76 | 120 372.24 |

业务30-1

## 付款申请书

2023 年 12 月16 日填　　　　　　　　　　　　　　字007 号

| 收款单位 | 上海康康调味品有限公司 | | 付款原因 |
|---|---|---|---|
| 账　号 | 1214567890 | | |
| 开户行 | 上海开发银行 | | |
| 金　额 | 零 佰零 拾壹 万零 仟零 佰零 拾零 元零 角零 分 | | 采购货款 |
| 附　件 | 1　　　　　　张 | 金额（小写）　¥10 000.00 | |
| 审批 同意 叶丽丽 | | 财务 同意 高荣 | |

财务主管　　　　　记账 何德意　　　复核 梁慧慧　　　　出纳 陈明　　　　制单 赵飞

---

业务30-2

## 中国工商银行银行汇票申请书(借方凭证)2

申请日期 2023 年 12 月 16 日　　　第002 号

| 收款人 | 上海康康调味品有限公司 | 汇款人 | 浙江华业食品有限责任公司 | | | 千 | 百 | 十 | 万 | 千 | 百 | 十 | 元 | 角 | 分 |
|---|---|---|---|---|---|---|---|---|---|---|---|---|---|---|---|
| 账号或地址 | 1214567890 上海府东路22号 | 账号或地址 | 1202 0089 0190 0081 698 浙江省绍兴市钱江路99号 | | | | | | | | | | | | |
| 兑付地点 | 上海 | 兑付行 | 上海开发银行 | | | | | | | | | | | | |
| 汇款金额 | 人民币（大写）壹万元整 | | | | | | ¥ | 1 | 0 | 0 | 0 | 0 | 0 | 0 |

此联由汇款人留存作记账传票

上列款项请从我账户内付

科　目
对方科目
转账日期
复核　　　　　记账

业务30-3

中国工商银行
银行汇票
2 00563210

付款期限 壹个月

出票日期 贰零贰叁 年 壹拾贰 月 壹拾陆 日
（大写）

代理付款行：工行绍江支行　　行号：00834867

收款人：上海康康调味品有限公司　　账号：1214567890

出票金额 人民币（大写）壹万元整　　￥10000.00

| | | 千 | 百 | 十 | 万 | 千 | 百 | 十 | 元 | 角 | 分 |
|---|---|---|---|---|---|---|---|---|---|---|---|
| 实际结算金额 | 人民币（大写） | | | | | | | | | | |

申请人：浙江华业食品有限责任公司　　账号：1202 0089 0190 0081 698

出票行：工行绍兴支行　　00834867

备注：

密押：

多余金额

| 千 | 百 | 十 | 万 | 千 | 百 | 十 | 元 | 角 | 分 |
|---|---|---|---|---|---|---|---|---|---|
| | | | | | | | | | |

凭票付款

出票行签章

复核　　记账

提示付款期限自出票之日起壹个月

此联代理付款行付款后作联行往账借方凭证附件

业务 31-1

# 购销合同

合同编号 20231216001

购货单位（甲方）：　　浙江华业食品有限责任公司

供货单位（乙方）：　　上海康康调味品有限公司

根据《中华人民共和国合同法》及国家相关法律、法规之规定，甲乙双方本着平等互利的原则，就甲方购买乙方货物一事达成以下协议。

一、货物的名称、数量及价格

| 货物名称 | 规格型号 | 单位 | 数量 | 单价 | 金额 | 税率 | 价税合计 |
|---|---|---|---|---|---|---|---|
| 原材料·调味品 | | 包 | 1000 | 8.00 | 8000.00 | 13% | 9040.00 |
| | | | | | | | |
| | | | | | | | |
| | | | | | | | |
| | | | | | | | |
| | | | | | | | |
| | | | | | | | |
| | | | | | | | |
| | | | | | | | |
| | | | | | | | |
| | | | | | | | |
| | | | | | | | |
| 合计（大写）◎玖仟零肆拾元整 | | | | | | | ￥9040.00 |

二、交货方式和费用承担：交货方式：　货交承运人　　　　　　　　　，交货时间：2023年12月17日前，交货地点：销售方所在地　　　　　　　　　　　　　　　　，运费由　　　承担。

三、付款时间与付款方式：　货到付款，银行汇票支付

四、质量异议期：订货方对供货方的货物质量有异议时，应在收到货物后　　10　　天内提出，逾期视为货物质量合格。

五、未尽事宜经双方协商可作补充协议，与本合同具有同等效力。

六、本合同自双方签字、盖章之日起生效：本合同壹式贰份，甲乙双方各执壹份。

甲方（签章）：浙江华业食品有限责任公司　　　　　乙方（签章）：上海康康调味品有限公司

授权代表：寿双喜　　　　　　　　　　　　　　　授权代表：康九仙

地　址：浙江省绍兴市钱江路99号　　　　　　　　地　址：上海市政府东路22号

电　话：0575-87256666　　　　　　　　　　　　电　话：021-9078 6655

2023　年12　月16　日　　　　　　　　　　　2023　年12　月16　日

业务 31-2

电子发~~票~~ ~~（~~国~~税增值税~~~~电子~~专用发票~~）~~　　　发票号码：0009901136789

开票日期：2023年12月17日

| 购买方信息 | 名称： 浙江华业食品有限责任公司<br>统一社会信用代码/纳税人识别号： 9133 0806 6989 9812 68 | 销售方信息 | 名称： 上海康康调味品有限公司<br>统一社会信用代码/纳税人识别号： 9133 2015 3478 009 |
|---|---|---|---|

| 项目名称 | 规格型号 | 单位 | 数量 | 单价 | 金额 | 税率/征收率 | 税额 |
|---|---|---|---|---|---|---|---|
| 调味料*调味品 | | 包 | 1000 | 8.00 | 8000.00 | 13% | 1040.00 |
| 合　计 | | | | | ￥8000.00 | | ￥1040.00 |

| 价税合计（大写） | ⊗玖仟零肆拾元整 | （小写）　￥9040.00 |
|---|---|---|

| 备注 | |
|---|---|

开票人：康家鑫

----

业务 31-3

## 收　料　单

物料类别：原材料　　　　　　日期：2023年12月17日　　车号：　　　　　　　编号：0045321

供应单位：上海康康调味品有限公司　结算方式：　　　　合同号：20231216001

供应方式：　　　　　　　　点收形式：　　　　　发票号：0009901136789

| 材料/编号 | 物料名称 | 规格型号 | 单位 | 数量 | 账面价 | | 采购价 | | 价差 | 出产厂商出厂日期 | 炉号批号等级强度 | 备注 |
|---|---|---|---|---|---|---|---|---|---|---|---|---|
| | | | | | 单价 | 金额 | 单价 | 金额 | | | | |
| 004 | 调味品 | | 包 | 1 000 | | | 8 | 8 000.00 | | | | |
| | | | | | | | | | | | | |
| | | | | | | | | | | | | |
| | | | | | | | | | | | | |
| | 合计 | | | | | | | ￥8 000.00 | | | | |

物资主管　　　　　　收料人：陈伟明　　　　　交料人：康家乐　　　　制单：陈伟明

业务 32-1

## 费用报销审批单

报销部门：管理部门　　　2023 年 12 月 17 日　　 现金付讫

| 用途 | 金额（元） | 备注 | |
|---|---|---|---|
| 通讯费 | 500.00 | | |
| | | 领导审批 | 同意　叶丽丽 |
| | | | |
| 合计： | ¥500.00 | | |
| 金额（大写）人民币伍佰元整 | 原借款 0　　　　元 | 应退余款 0　　　　元 | |

会计主管　高荣　　　复核　梁慧慧　　　出纳　李明　　　报销人　陈康　　　领款人　陈康

视频 6　管理费用

---

业务 32-2

电子发票（普通发票）　　发票号码：0009901130001
开票日期：2023年12月10日

| 购买方信息 | 名称：浙江华业食品有限责任公司 | 销售方信息 | 名称：浙江省绍江通讯有限公司 |
|---|---|---|---|
| | 统一社会信用代码/纳税人识别号：9133 0806 6989 9812 68 | | 统一社会信用代码/纳税人识别号：9133 0001 9003 9898 01 |

| 项目名称 | 规格型号 | 单位 | 数量 | 单价 | 金额 | 税率/征收率 | 税额 |
|---|---|---|---|---|---|---|---|
| 电信服务*电话费 | | | 1 | 485.44 | 485.44 | 3% | 14.56 |
| 合　计 | | | | | | | ¥14.56 |
| 价税合计（大写）　⊗伍佰元整 | | | | | （小写）　¥500.00 | | |
| 备注 | | | | | | | |

业务 33-1

| 付款期限 壹个月 | | | | | | |
|---|---|---|---|---|---|---|

## 中国工商银行
## 银行汇票

解讫通知 （ ） 3

B A
0 1  00563210

| 出票日期 (大写) | 貳零貳叁 年壹拾貳 月壹拾陆 日 | 代理付款银行： 工行绍江支行 | 行号： 00834867 |
|---|---|---|---|

| 收款人： 上海康康调味品有限公司 | 账号： 1214567890 |
|---|---|

| 出票金额 | 人民币 (大写) | 壹万元整 | ￥10000.00 |
|---|---|---|---|

| 实际结算金额 | 人民币 (大写) | 玖仟零肆佰元整 | 千 百 十 万 千 百 十 元 角 分 ￥ 9 0 4 0 0 0 |
|---|---|---|---|

| 申请人： 浙江华业食品有限责任公司 | 账号： 1202008901900081698 |
|---|---|
| 出票行： 工行绍兴支行 | 行号： 00834867 | 密押： |
| 备注： | |
| 代理付款行签章 | 多余金额 |
| 复核 | 千 百 十 万 千 百 十 元 角 分 ￥ 9 6 0 0 0 复核 记账 |

此联由出票代理付款行作多余款兑付后随报单寄出票行

业务 34-1

# 专利权转让合同

合同编号20231216009

购货单位（甲方）：　浙江华业食品有限责任公司

供货单位（乙方）：　杭州好利来专利有限公司

根据《中华人民共和国合同法》及国家相关法律、法规之规定，甲乙双方本着平等互利的原则，就甲方购买乙方货物一事达成以下协议。

一、货物的名称、数量及价格

| 货物名称 | 规格型号 | 单位 | 数量 | 单价 | 金额 | 税率 | 价税合计 |
|---|---|---|---|---|---|---|---|
| 食品专利权 | | | 1 | 100000.00 | 100000.00 | 6% | 106000.00 |
| | | | | | | | |
| | | | | | | | |
| | | | | | | | |
| | | | | | | | |
| | | | | | | | |
| | | | | | | | |
| | | | | | | | |
| | | | | | | | |
| | | | | | | | |
| | | | | | | | |
| | | | | | | | |
| | | | | | | | |

合计（大写）◎壹拾万零陆仟元整　　　　　　　　　　　　　　　　　　　　　¥106000.00

二、交货方式和费用承担：交货方式　专利权手续办理　　　　　　，交货时间：2023年12月18日前，交货地点：　　　　　　　　　　　　　　　　　　　　，运费由＿＿＿＿＿承担。

三、付款时间与付款方式：　转让手续办理完成支付

四、质量异议期：订货方对供货方的货物质量有异议时，应在收到货物后7天内提出，逾期视为货物质量合格。

五、未尽事宜经双方协商可作补充协议，与本合同具有同等效力。

六、本合同自双方签字、盖章之日起生效；本合同壹式贰份，甲乙双方各执壹份。

甲方（签章）：浙江华业食品有限责任公司

授权代表：寿双喜

地　　址：浙江省绍兴市钱江路99号

电　　话：0575-8726886

2023　年　12　月　17　日

乙方（签章）：杭州好利来专利有限公司

授权代表：江小米

地　　址：杭州西湖区丰收路90号

电　　话：0571-4567 0091

2023　年　12　月　17　日

视频7　无形资产

业务 34-2

电子发票（全国统一增值税专用发票）

发票号码：0009901136651
开票日期：2023年12月17日

| 购买方信息 | 名称：浙江华业食品有限责任公司<br>统一社会信用代码/纳税人识别号：9133 0806 6989 9812 68 | 销售方信息 | 名称：杭州好利来专利有限公司<br>统一社会信用代码/纳税人识别号：9133 0001 6754 7806 10 |

| 项目名称 | 规格型号 | 单位 | 数量 | 单价 | 金额 | 税率/征收率 | 税额 |
|---|---|---|---|---|---|---|---|
| 专利权*食品专利权 | | | 1 | 100000.00 | 100000.00 | 6% | 6000.00 |
| 合　计 | | | | | ￥100000.00 | | ￥6000.00 |

价税合计（大写）　⊗壹拾万零陆仟元整　（小写）￥106000.00

备注

开票人：江河

---

业务 34-3

## 付款申请书

2023 年 12 月 18 日填　　　　字008　号

| 收款单位 | 杭州好利来专利有限公司 | 付款原因 |
|---|---|---|
| 账　号 | 121360017890221 | |
| 开户行 | 中信银行丰收路支行 | |
| 金　额 | 零佰壹拾零 万陆 仟零佰零拾零 元零 角零分 | 支付专利款 |
| 附　件 | 1　　　　张　　金额（小写）￥106 000.00 | |
| 审批 同意 叶丽丽 | 财务 同意 高荣 | |

财务主管　　　记账 何德意　　复核 梁慧慧　　出纳 陈明　　制单 赵飞

业务 34-4

中国工商银行
转账支票存根
10680561

06590861

附加信息

———————————

出票日期：2023年12月18日

收款人：浙江好利来专
利有限公司

金额：￥106000.00

用途：支付专利款

单位主管　　　会计

浙江美纬华印刷有限公司 2014年印制

根据《中华人民共和国票据法》等法律法规的规定，签发空头支票由中国人民银行处以票面金额5%但不低于1000元的罚款。

业务 35-1

## 托收凭证(收款通知)　　　4

委托日期：2023 年 12 月 17 日

| 业务类型 | 委托收款(☐ 邮划、☑ 电划) | | | | | 托收承付(☐ 邮划、☐ 电划) | | | | 千 | 百 | 十 | 万 | 千 | 百 | 十 | 元 | 角 | 分 | 此联付款人开户行凭以汇款或收款人开户行作收账通知 |
|---|---|---|---|---|---|---|---|---|---|---|---|---|---|---|---|---|---|---|---|---|
| 付款人 | 全称 | 浙江未来美生态有限公司 | | | | 收款人 | 全称 | 浙江华业食品有限责任公司 | | | | | | | | | | | | |
| | 账号 | 12045289670 | | | | | 账号 | 1202008901900081698 | | | | | | | | | | | | |
| | 地址 | 浙江 省杭州 市县 开户行 | | | | | 地址 | 浙江 省绍兴 市县 开户行 中国工商银行绍江支行 | | | | ￥ | 5 | 0 | 0 | 0 | 0 | 0 | 0 | |
| 金额 | 人民币(大写) | 伍万元整 | | | | | | | | | | | | | | | | | | |
| 款项内容 | 货款 | | 托收凭据名称 | 商业承兑汇票 | | | | 附寄单证张数 | 1 | | | | | | | | | | | |
| 商品发运情况 | 已发运 | | | | | 合同名称号码 | 202306010 | | | | | | | | | | | | |
| 备注： | | | 上列款项随附有关债务证明请予办理收款 | | | | | | | | | | | | | | | | |
| 收款人开户银行收到日期 2023 年 12 月 18 日 | | | | | | | 收款人签章 | 复核 | 记账 | | | | | | | | | | |

(中国工商银行股份有限公司 绍兴市绍江支行 业务专用章)

业务 36-1

## 贴现凭证（收账通知） 5

填写日期：2023 年 12 月 19 日　　　　第01001 号

| 贴现汇票 | 种类 | 商业汇票 | 号码 | 0091234 | | 申请人 | 全称 | 浙江华业食品有限责任公司 |
|---|---|---|---|---|---|---|---|---|
| | 出票日 | 2023年10月19日 | | | | | 账号 | 1202008901900081698 |
| | 到期日 | 2024年1月19日 | | | | | 开户银行 | 中国工商银行绍江支行 |

| 汇票承兑人（或银行） | 名称 | 交通银行上海黄埔支行 | | 账号 | | 开户银行 | 交通银行上海黄埔支行 |
|---|---|---|---|---|---|---|---|

| 汇票金额 | 人民币（大写） | 壹拾万元整 | | | 千 | 百 | 十 | 万 | 千 | 百 | 十 | 元 | 角 | 分 |
|---|---|---|---|---|---|---|---|---|---|---|---|---|---|---|
| | | | | ¥ | 1 | 0 | 0 | 0 | 0 | 0 | 0 | 0 | 0 |

| 贴现率 | 6% | 贴现利息 | 千 | 百 | 十 | 万 | 千 | 百 | 十 | 元 | 角 | 分 | 实付贴现金额 | 千 | 百 | 十 | 万 | 千 | 百 | 十 | 元 | 角 | 分 |
|---|---|---|---|---|---|---|---|---|---|---|---|---|---|---|---|---|---|---|---|---|---|---|---|
| | | | | | | | ¥ | 5 | 0 | 0 | 0 | 0 | | | | | ¥ | 9 | 9 | 5 | 0 | 0 | 0 | 0 |

上述款项已入你单位账户　　　　备注：

此致

2023 年 12 月 19 日

复核：　　　　　　　　记账：

此联银行给贴现申请人的收账通知

---

业务 37-1

## 付款申请书

2023 年 12 月 19 日填　　　　　　　　字009 号

| 收款单位 | 台州市灿烂食品有限公司 | 付款原因 |
|---|---|---|
| 账　号 | 1212006598000120 | |
| 开户行 | 台州银行钱江新区支行 | |
| 金　额 | 零 佰零 拾陆 万仟 仟零 佰零 拾零 元零 角零 分 | |
| 附　件　　　1　　　张 | 金额（小写）　¥65 000.00 | 支付货款 |
| 审批 同意 叶丽丽 | 财务 同意 高荣 | |

财务主管　　　记账 何德意　　　复核 梁慧慧　　　出纳 陈明　　　制单 赵飞

业务 37-2

| 银行承兑汇票 | | | 2 | C A 0 1 | 0098532 |
|---|---|---|---|---|---|

出票日期（大写）　贰零贰叁 年壹拾贰 月零壹拾　日

| 出票人全称 | 浙江大好食品有限公司 | 收款人 | 全称 | 浙江华业食品有限责任公司 | | | | | | | | | | | | |
|---|---|---|---|---|---|---|---|---|---|---|---|---|---|---|---|---|
| 出票人账号 | 12020006897063429 | | 账号 | 12020089019000081698 | | | | | | | | | | | | |
| 付款行全称 | 中国工商银行温州村支行 | | 开户银行 | 中国工商银行绍江支行 | | | | | | | | | | | | |
| 出票金额 | 人民币（大写）　陆万伍仟元整 | | | | 亿 | 千 | 百 | 十 | 万 | 千 | 百 | 十 | 元 | 角 | 分 |
| | | | | | | | ¥ | 6 | 5 | 0 | 0 | 0 | 0 | 0 |
| 汇票到期日（大写） | 贰零贰肆年陆月零壹拾日 | 付款行 | 行号 | 006359 | | | | | | | | | | | | |
| 承兑协议编号 | 003679210 | | 地址 | 温州市龙湾区甬江路9号 | | | | | | | | | | | | |

本汇票请你行承兑，到期无条件付款

浙江大好食品有限公司 财务专用章

江锋印

出票人签章

本汇票经我行承兑，到期日由本行付款 承兑行签章 承兑日期 12月10日

备注：

复核　　记账

| 被背书人　台州市灿烂食品有限公司 | 被背书人 | 被背书人 | 粘贴处 |
|---|---|---|---|
| 浙江华业食品有限责任公司 财务专用章　喜寿印双　背书人签章 年　月　日 | 背书人签章 年　月　日 | 背书人签章 年　月　日 | |

持票人向银行提示付款签章：

身份证件名称：

号　码：

发证机关：

## 业务 38-1

### 差 旅 费 报 销 单

| 报销日期 | 2023年12月20日 | | 预算科目 | | 专项名称 | | | 预算项目 | | |
|---|---|---|---|---|---|---|---|---|---|---|
| 部门 | 销售部门 | | 出差人 | 赵飞 | | 出差事由 | 市场调研 | | | |

| 出发 | | 到达 | | 交通费 | | | 住宿费 | | | 其他费用 | | |
|---|---|---|---|---|---|---|---|---|---|---|---|---|
| 日期 | 地点 | 日期 | 地点 | 交通工具 | 单据张数 | 金额 | 天数 | 单据张数 | 金额 | 项目 | 单据 | 金额 |
| 12.05 | 杭州 | 12.05 | 北京 | 飞机 | 1 | 1250.00 | 10 | 1 | 4240.00 | 行李费 | | |
| 12.15 | 北京 | 12.15 | 杭州 | 飞机 | 1 | 1250.00 | | | | 市内车费 | | |
| | | | | | | | | | | 出租 | | |
| | | | | | | | | | | 手续费 | | |
| | | | | | | | | | | 出差补贴 | | |
| | | | | | | | | | | 节约奖励 | | |
| 合 计 | | | | | | ¥2500.00 | | | ¥4240.00 | | | |

现金付讫

| 报销总额 | 人民币（大写） | 陆仟柒佰肆拾元整 | | 预借款 | ¥5000.00 |
|---|---|---|---|---|---|
| | 人民币（小写） | ¥6740.00 | 补领不足 ¥1740.00 | 归还多余 | |

主管:赵可可    审核:梁慧慧    报销人:赵飞    部门:销售部门

## 业务 38-2

| | | | | | | | | | |
|---|---|---|---|---|---|---|---|---|---|
| 航空运输电子客票行程单 | | | 印刷序号: | | | | | | |
| ITINERARY/RECEIPT OF E-TICKER | | | SERIAL NUMER: | | | | | | |

| 旅客姓名 NAME OF PASSENGER | | 有效身份证件号码 ID. NO. | | | 签注 ENDORSEMENTS/RFSTRI(TIONSICARBON) | | | |
|---|---|---|---|---|---|---|---|---|
| 赵飞 | | 312826198110243756 | | | | | | |

| | | 承运人 CARRIER | 航班号 FLIGHT | 座位等级 CLASS | 日期 DATE | 时间 TIME | 客票级别/客票类别 FARE DASIS | 客票生效日期 NOTVALID BEFORE | 有效截止日期 MOT VALID AFIER | 免费行李 ALLOW |
|---|---|---|---|---|---|---|---|---|---|---|
| 自FROM | 杭州 | SC | 3668VOII K | | 05DEC | 14:00 | Y66 | | | 20K |
| 至TO | 北京 | | | | | | | | | |
| 至TO | | | | | | | | | | |
| 至TO | | | | | | | | | | |
| 至TO | | | | | | | | | | |

| 票价 FARE CYF1100.00 | 机场建设费 AIRPORT TAX 50 | 燃油附加费 FUEL SLRCHARGE 100.00 | 其他税费 OTHER ATXES | 合计 TOTAL CNY1250.00 |
|---|---|---|---|---|
| 电子客票号码 E-TICKEINO 235678900 | 验证码 CK. 6688 | 提示信息 INFORMATION | | 保险费 INSURANCE |
| 销售单位代号 AGENT CODE FEK99 | 填开单位 ISSUED BY 中国民航信息中心 | | 填开日期 DATE OF ISSUE 2023-12-05 | |

验真网址: WWW.TRAVELSKY.COM 服务热线: 400-815-8888 短信验真: 发送JP至10669018
请旅客乘机前认真阅读《旅客须知》及承运人的运输总条件内容
The Important Notice and the general conditions of carriage must be read before travelling.

## 业务 38-3

航空运输电子客票行程单
(ITINERARY/RECEIPT TYPE E-TICKER FOR AIR TRANSPORT)

印刷序号：
SERIAL NUMER：

| 旅客姓名 NAME OF PASSENGER | | | 有效身份证件号码 ID. NO. | | | 签注 ENDORSEMENTS/RFSTRI(TIONSICARBON) | | | |
|---|---|---|---|---|---|---|---|---|---|
| 赵飞 | | | 312826198110243756 | | | | | | |

| | 承运人 CARRIER | 航班号 FLIGHT | 座位等级 CLASS | 日期 DATE | 时间 TIME | 客票级别/客票类别 FARE DASIS | 客票生效日期 NOTVALID BEFORE | 有效截止日期 MOT VALID AFIER | 免费行李 ALLOW |
|---|---|---|---|---|---|---|---|---|---|
| 自 FROM 北京 | SC | 3989VOII | K | 15DEC | 16:10 | Y66 | | | 20K |
| 至 TO 杭州 | | | | | | | | | |
| 至 TO | | | | | | | | | |
| 至 TO | | | | | | | | | |
| 至 TO | | | | | | | | | |

| 票价 FARE | 机场建设费 AIRP..TAX | 燃油附加费 FUEL SLRCHARGE | 其他税费 OTHER ATXES | 合计 TOTAL |
|---|---|---|---|---|
| CYF1100.00 | 50 | 100.00 | | CNY1250.00 |

| 电子客票号码 E-TICKEINO | 235679988 | 验证信息 CK. | 5566 | 提示信息 INFORMATION | | 保险费 INSURANCE | |
|---|---|---|---|---|---|---|---|
| 销售单位代号 AGENT CODE | FEK520 | 填开单位 ISSUED BY | 中国民航信息中心 | | 填开日期 DATE OF ISSUE | 2023-12-15 | |

验真网址：WWW. TRAVELSKY. COM 服务热线：400-815-8888 短信验真：发送JP至10669018

请旅客乘机前认真阅读《旅客须知》及承运人的运输总条件内容
The Important Notice and the general conditions of carriage must be read before travelling.

*北京中航安全印务公司 电话：010-63543596*

*付款凭证 RECEIPT　INVALID IN HANDWRITING　手写无效*

## 业务 38-4

电子发票（增值税专用发票）

发票号码： 0206601136689
开票日期： 2023年12月15日

| 购买方信息 | 名称： 浙江华业食品有限责任公司 统一社会信用代码/纳税人识别号： 9133 0806 6989 9812 68 | 销售方信息 | 名称： 上海花园国际大酒店 统一社会信用代码/纳税人识别号： 913332035643789066 |
|---|---|---|---|

| 项目名称 | 规格型号 | 单位 | 数量 | 单价 | 金额 | 税率/征收率 | 税额 |
|---|---|---|---|---|---|---|---|
| 生活服务*住宿费 | | | 10 | 400.00 | 4000.00 | 6% | 240.00 |
| 合　计 | | | | | ￥4000.00 | | ￥240.00 |
| 价税合计（大写） | ⊗肆仟贰佰肆拾元整 | | | | （小写） | ￥4240.00 | |
| 备注 | | | | | | | |

开票人：黄金多

业务 39-1

电子发票（增值税普通发票）

发票号码: 02066011355669
开票日期: 2023年12月20日

国家税务总局监制

| 购买方信息 | 名称: 宁波爱美食品有限公司<br>统一社会信用代码/纳税人识别号: 9133 0012 6790 7865 02 | 销售方信息 | 名称: 浙江华业食品有限责任公司<br>统一社会信用代码/纳税人识别号: 9133 0806 6989 9812 68 |
|---|---|---|---|

| 项目名称 | 规格型号 | 单位 | 数量 | 单价 | 金额 | 税率/征收率 | 税额 |
|---|---|---|---|---|---|---|---|
| 食品*普通年糕 | | 箱 | 200 | 150.00 | 30000.00 | 13% | 3900.00 |
| 合 计 | | | | | ¥30000.00 | | ¥3900.00 |
| 价税合计(大写) | ◎叁万叁仟玖佰元整 | | | | (小写) ¥33900.00 | | |
| 备注 | | | | | | | |

开票人: 何德意

业务 39-2

## 出库单  No 0098709

会计部门编号 0012367
仓库部门编号 001

2023 年 12 月 20 日

| 编号 | 名称 | 规格 | 单位 | 出库数量 | 单价 | 金额 | 备注 |
|---|---|---|---|---|---|---|---|
| 1 | 普通年糕 | | 箱 | 200 | | | |
| | | | | | | | |
| | | | | | | | |
| | | | | | | | |
| 合 计 | | | | | | | |

第二联交财务部

生产车间或部门：一车间　　　　仓库管理员：陈伟明

## 业务 40-1

### 银行借款利息计算单

2023 年 12 月 20 日

| 借款种类 | 借款金额 | 年贷款利单 | 月利息额 | 备注 |
|---|---|---|---|---|
| 短期借款 | 100 000.00 | 6% | 500.00 | 2023年6月1日借入 |
|  |  |  |  |  |
| 合 计 |  |  | ￥500.00 |  |

编制:陈明　　　　　　　　　　　审核:梁慧慧

---

## 业务 41-1

通发票　NO　009856001

机器编码:

开票日期:2023年12月20日

| 购买方 | 名　称： | 浙江华业食品有限责任公司 | | | | 密码区 | 67/*+3*0/611*++0/+0*/*+3+2/9 |
|---|---|---|---|---|---|---|---|
| | 纳税人识别号： | 9133 0806 6989 9812 68 | | | | | *11*+66666**066611*+66666* |
| | 地址、电话： | | | | | | 1**+216***6000*261*2*4/*547 |
| | 开户行及账号： | | | | | | 203994+-42*64151*6915361/3* |

| 货物或应税劳务、服务名称 | 规格型号 | 单位 | 数量 | 单价 | 金额 | 税率 | 税额 |
|---|---|---|---|---|---|---|---|
| 建筑服务*装修服务 | | | 1 | 291262.1359 | 291262.14 | 3% | 8737.86 |
| 合　计 | | | | | ￥291262.14 | | ￥8737.86 |

| 价税合计(大写) | ⊗叁拾万元整 | (小写)　￥300000.00 |
|---|---|---|

| 销售方 | 名　称： | 杭州美好生活装饰有限公司 | 备注 |
|---|---|---|---|
| | 纳税人识别号： | 9133 0090 8763 0012 66 | |
| | 地址、电话： | 杭州西苑路80号 | |
| | 开户行及账号： | 杭州银行西苑支行　1214567098 | |

收款人:郭小远　　复核:钱途　　开票人:钱似锦　　销售方：章

业务41-2

## 付款申请书

2023 年 12 月 21 日填　　　　　　　　　　　字010　号

| 收款单位 | 杭州美好生活装饰有限公司 | | 付款原因 |
|---|---|---|---|
| 账　号 | 1214567098 | | |
| 开户行 | 杭州银行西苑支行 | | |
| 金　额 | 零佰叁拾零 万零 仟零 佰零 拾零 元零 角零 分 | | 支付装修费 |
| 附件 | 1 　张 | 金额（小写）　¥300 000.00 | |
| 审批 同意 叶丽丽 | | 财务 同意 高荣 | |

财务主管　　　　记账 何德意　　复核 梁慧慧　　出纳 陈明　　　　制单 赵飞

- - - - - - - - - - - - - - - - - - - - - - - - - - - - - - - - - - - - - - - - - - - - - - - - - - - - - - - - - - - -

业务41-3

## 中国工商银行　　　　　　　　凭证

### 业务回单（付款）

日期：　2023 年　　12 月　21 日　　　　回单编号：2023122189

付款人户名：　浙江华业食品有限责任公司　　　　　　　付款人开户行：中国工商银行绍江支行
付款人账号（卡号）：　1202 0089 0190 0081 698
收款人户名：　杭州美好生活装饰有限公司　　　　　　　收款人开户行：杭州银行西苑支行
收款人账号（卡号）：　1214567098
金额：　叁拾万元整　　　　　　　　　　　　　　　　　小写：300 000.00
业务（产品）种类：　对公付款　　　凭证种类：　00000000　　凭证号码：　0000000000
摘要：　跨行普通电汇　　　　用途：　支付装修费　　　币种：　人民币
交易机构：　01206980　　　记账柜员：　00002　　　交易代码：　　　　渠道：　其他

本回单为第 1 次打印，注意重复打印日期：　2024 年　01 月　06 日　　打印柜员：　　　　　验证码：

业务 42-1

## 贷款凭证（收账通知）

2023 年 12 月 21 日

| 贷款名称 | 日常经营贷款 | | 种类 | 短期贷款 | | 贷款户账号 | | 1202 3306 6758 002 | | | | | | |
|---|---|---|---|---|---|---|---|---|---|---|---|---|---|---|
| 金　额 | 人民币伍拾万元整 | | | | 百 | 十 | 万 | 千 | 百 | 十 | 元 | 角 | 分 | |
| | | | | | ¥ | 5 | 0 | 0 | 0 | 0 | 0 | 0 | 0 | |
| 用途 | 日常经营贷款 | 单位申请期限 | 2023年12月20日 | | | | | | | | | | | |
| | | 银行核定期限 | 2023年12月21日 | | | | | | | | | | | |

单位会计分录

收入　　　付出
复核　　　记账
主管　　　会计

银行签章（章略）　2023 年 12 月 21 日

视频 8　短期借款

业务 43-1

## 电子发票（增值税专用发票）

发票号码：02066010011980
开票日期：2023年12月21日

| 购买方信息 | 名称：浙江华业食品有限责任公司　统一社会信用代码/纳税人识别号：9133 0806 6989 9812 68 | 销售方信息 | 名称：浙江诚信劳保用品有限公司　统一社会信用代码/纳税人识别号：9133 0096 1212 0986 66 |
|---|---|---|---|

| 项目名称 | 规格型号 | 单位 | 数量 | 单价 | 金额 | 税率/征收率 | 税额 |
|---|---|---|---|---|---|---|---|
| 服饰*工作服 | | 套 | 20 | 150.00 | 3000.00 | 13% | 390.00 |
| 服饰*手套 | | 双 | 100 | 10.00 | 1000.00 | 13% | 130.00 |
| 合　计 | | | | | ¥4000.00 | | ¥520.00 |
| 价税合计（大写） | ⊗肆仟伍佰贰拾元整 | | | | （小写）　¥4520.00 | | |
| 备注 | | | | | | | |

开票人：汪欢喜

业务 43-2

# 入库单　　No 0198001

送货厂商：浙江诚信劳保用品有限公司

物料类别：　☐ 原材料　　☑ 成品　　☐ 其他　　　　　2023　年 12 月 21 日

| 品名/牌号 | 订单号 | 规格 | 数量 | 单位 | 备注 |
|---|---|---|---|---|---|
| 手套 | | | 100 | 双 | |
| 工作服 | | | 20 | 套 | |
| | | | | | |
| | | | | | |
| | | | | | |

主管：　　　　　品管：　　　　　仓库：陈伟明　　　　　送货人：伍建军

第一联 存根

---

业务 43-3

# 付款申请书

2023 年 12 月 21 日填　　　　　字011 号

| 收款单位 | 浙江诚信劳保用品有限公司 | | 付款原因 |
|---|---|---|---|
| 账　号 | 103478901122667 | | |
| 开户行 | 兴业银行高新技术开发区支行 | | |
| 金　额 | 零 佰零 拾零 万肆 仟伍 佰贰 拾零 元零 角零 分 | | 支付货款 |
| 附　件 | 1　　　　张 | 金额（小写）　￥4 520.00 | |
| 审批 同意 叶丽丽 | | 财务 同意 高荣 | |

财务主管 高荣　　　记账 何德意　　　复核 梁慧慧　　　出纳 陈明　　　制单 赵飞

业务 43-4

# 中国工商银行

凭 证

## 业务回单（付款）

日期： 2023 年 12 月 21 日　　　　回单编号：2023122189

付款人户名：　浙江华业食品有限责任公司　　　　　　　付款人开户行：中国工商银行绍江支行

付款人账号（卡号）：　1202 0089 0190 0081 698

收款人户名：　浙江诚信劳保用品有限公司　　　　　　　收款人开户行：兴业银行高新技术开发区支行

收款人账号（卡号）：　103478901122667

金额：　肆仟伍佰贰拾元整　　　　　　　　　　　　　小写：4 520.00

业务（产品）种类：　　　　　凭证种类：　00000000　　凭证号码：　0000000000

摘要：　跨行普通电汇　　　　　用途：　支付货款　　　　币种：　人民币

交易机构：　01206980　　　　记账柜员：　00002　　　　交易代码：　　　　　　渠道：　其他

本回单为第 1 次打印，注意重复打印日期：　2024 年 01 月 06 日　　打印柜员：　　　　　验证码：

业务44-1

# 生产设备采购合同

合同编号202312220089

购货单位（甲方）：　浙江华业食品有限责任公司

供货单位（乙方）：　浙江天地生产设备有限公司

根据《中华人民共和国合同法》及国家相关法律、法规之规定，甲乙双方本着平等互利的原则，就甲方购买乙方货物一事达成以下协议。

一、货物的名称、数量及价格

| 货物名称 | 规格型号 | 单位 | 数量 | 单价 | 金额 | 税率 | 价税合计 |
|---|---|---|---|---|---|---|---|
| 年糕设备 | | 台 | 1 | 300000.00 | 300000.00 | 13% | 339000.00 |
| | | | | | | | |
| | | | | | | | |
| | | | | | | | |
| | | | | | | | |
| | | | | | | | |
| | | | | | | | |
| | | | | | | | |
| | | | | | | | |
| | | | | | | | |
| | | | | | | | |
| | | | | | | | |
| | | | | | | | |
| | | | | | | | |
| 合计（大写）⊙叁拾叁万玖仟元整 | | | | | | | ￥339000.00 |

二、交货方式和费用承担：交货方式：　交承运人运输　　　　，交货时间：2023年12月22日

前，交货地点：销售方所在地　　　　　　　　　　　，运费由 销售方　承担。

三、付款时间与付款方式：　货到付款

四、质量异议期：订货方对供货方的货物质量有异议时，应在收到货物后　　10　　　天内提出，逾期视为货物质量合格。

五、未尽事宜经双方协商可作补充协议，与本合同具有同等效力。

六、本合同自双方签字、盖章之日起生效：本合同壹式贰份，甲乙双方各执壹份。

甲方（签章）：浙江华业食品有限责任公司　　　　　　乙方（签章）：浙江天地生产设备有限公司

授权代表：谢双喜　　　　　　　　　　　　　　　　授权代表：梁×

地　　址：浙江省绍兴南塘江路99号　　　　　　　　地　　址：杭州和平区大庆路80号

电　　话：0575-87256666　　　　　　　　　　　　电　　话：0571-7890-7122

2023 年 12 月 20 日　　　　　　　　　　　　　　　2023 年 12 月 20 日

业务 44-2

电子发票（国统增值普通专用发票）

发票号码： 02066011355887

开票日期： 2023年12月22日

| 购买方信息 | 名称： 浙江华业食品有限责任公司 | | | | | 销售方信息 | 名称： 浙江天地生产设备有限公司 | | |
|---|---|---|---|---|---|---|---|---|---|
| | 统一社会信用代码/纳税人识别号： 9133 0806 6989 9812 68 | | | | | | 统一社会信用代码/纳税人识别号： 9133 0901 3260 3344 88 | | |

| 项目名称 | 规格型号 | 单位 | 数量 | 单价 | 金额 | 税率/征收率 | 税额 |
|---|---|---|---|---|---|---|---|
| 生产设备*年糕生产设备 | | | 1 | 300000.00 | 300000.00 | 13% | 39000.00 |

| 合 计 | | | | | ¥300000.00 | | ¥39000.00 |
|---|---|---|---|---|---|---|---|

| 价税合计（大写） | ⊗叁拾叁万玖仟元整 | （小写） ¥339000.00 |
|---|---|---|

| 备注 | |
|---|---|

开票人：郑小雨

业务44-3

## 固定资产验收单

公司名称:浙江华业食品有限责任公司

| 资产编号 | 20231222 | | 资产名称 | 年糕生产设备 | | |
|---|---|---|---|---|---|---|
| 规格（编号） | MH002 | | 资产代码 | | 管理人 | 陈伟明 |
| 计量单位 | 台 | | 单价（元） | 300 000.00 | 金额（元） | 300 000.00 |
| 出厂日期 | 2023 年11 月30 日 | | | 购置日期 | 2023 年12 月22 日 | |
| 生产厂家 | 浙江天地生产设备有限公司 | | 安装地点 | | | |
| 附件情况 | | | | | | |

固定资产验收情况说明:
验收合格

验收确认:
设备和采购合同要求相符

验收日期: 2023 年12 月22 日

管理部门负责人签字:王伟

公司总经理签字:叶丽丽

注:此表一式三份,使用部门、保管部门、财务部门各一份

业务 44-4

## 付款申请书

2023 年 12 月 22 日填　　　　　　　　　　　　　　字 012　号

| 收款单位 | 浙江天地生产设备有限公司 | | 付款原因 |
|---|---|---|---|
| 账　号 | 121346797098662389 | | |
| 开户行 | 中国建设银行大关路支行 | | |
| 金　额 | 零佰叁拾叁万玖仟零佰零拾零元零角零分 | | 采购设备 |
| 附　件 | 1　　　　　张 | 金额（小写）　¥339 000.00 | |
| 审批　同意　叶丽丽 | | 财务　同意　高荣 | |

财务主管　高荣　　　　　记账　何德意　　　　复核　梁慧慧　　　　　出纳　陈明　　　　　制单　赵飞

---

业务 44-5

## 中国工商银行　　　　　　　　　　　　　　凭 证

### 业务回单（付款）

日期：　2023　年　12　月 22 日　　　　　回单编号：2023122231

付款人户名：　浙江华业食品有限责任公司　　　　　　　　付款人开户行：中国工商银行绍江支行
付款人账号（卡号）：　1202 0089 0190 0081 698
收款人户名：　浙江天地生产设备有限公司　　　　　　　　收款人开户行：中国建设银行大关路支行
收款人账号（卡号）：　1213 4679 7098 6623 89
金额：　叁拾叁万玖仟元整　　　　　　　　　　　　　　　　小写：339 000.00
业务（产品）种类：　对公付款　　　　凭证种类：　00000000　　凭证号码：　0000000000
摘要：　跨行普通电汇　　　　　　用途：　设备款　　　　币种：　人民币
交易机构：　01206980　　　　记账柜员：　00002　　　交易代码：　　　　渠道：　其他

本回单为第 1 次打印，注意重复打印日期：　2024 年 01 月 06 日　　　打印柜员：　　　　　　验证码：

业务 45-1

## 中国工商银行

凭证

### 业务回单（收 款）

日期： 2023 年 12 月 22 日　　　　回单编号：20231222080

付款人户名： 绍兴向阳超市有限公司　　　　　　　付款人开户行：中信银行建业路支行

付款人账号（卡号）： 32118907865

收款人户名： 浙江华业食品有限责任公司　　　　　收款人开户行：中国工商银行绍江支行

收款人账号（卡号）： 1202 0089 0190 0081 698

金额： 贰拾万元整　　　　　　　　　　　　　　　　　　小写：200 000.00

业务（产品）种类： 对公收款　　凭证种类： 00000000　　凭证号码： 0000000000

摘要： 跨行普通电汇　　　　　用途： 货款　　　　币种： 人民币

交易机构： 01206980　　　　记账柜员： 00002　　　交易代码：　　　　渠道： 其他

本回单为第 1 次打印，注意重复打印日期： 2023 年 01 月 06 日　　打印柜员：　　　　验证码：

---

业务 45-2

## 中国工商银行

凭证

### 业务回单（收 款）

日期： 2023 年 12 月 22 日　　　　回单编号：20231222008

付款人户名： 浙江大好食品有限公司　　　　　　　付款人开户行：中国工商银行温州村支行

付款人账号（卡号）： 120200068970634290

收款人户名： 浙江华业食品有限责任公司　　　　　收款人开户行：中国工商银行绍江支行

收款人账号（卡号）： 1202008901900081698

金额： 壹拾万元整　　　　　　　　　　　　　　　　　　小写：100000.00

业务（产品）种类： 对公收款　　凭证种类： 00000000　　凭证号码： 0000000000

摘要： 跨行普通电汇　　　　　用途： 货款　　　　币种： 人民币

交易机构： 01206980　　　　汇账柜员： 0002　　　交易代码：　　　　渠道： 其他

本回单为第 1 次打印，注意重复打印日期： 2024 年 01 月 06 日　　打印柜员：

业务 46-1

## 中国工商银行电汇凭证（回单）　　1

☑普通　□加急　　　　　委托日期　2023　年　12　月　22　日

| 汇款人 | 全称 | 浙江华业食品有限责任公司 | | 收款人 | 全称 | 浙江华业食品有限责任公司 | | | | | | | | | |
|---|---|---|---|---|---|---|---|---|---|---|---|---|---|---|
| | 账号 | 1202 0089 0190 0081 698 | | | 账号 | 1202 0089 0190 0081 789 | | | | | | | | | |
| | 汇出地点 | 浙江　　省杭州　　市/县 | | | 汇入地点 | 浙江　　省杭州　　市/县 | | | | | | | | | |
| 汇出行名称 | | 中国工商银行绍江支行 | | 汇入行名称 | | 中国工商银行绍江支行 | | | | | | | | | |

| 金额 | 人民币（大写）壹拾万肆仟伍佰元整 | 亿 | 千 | 百 | 十 | 万 | 千 | 百 | 十 | 元 | 角 | 分 |
|---|---|---|---|---|---|---|---|---|---|---|---|---|
| | | | | | 1 | 0 | 4 | 5 | 0 | 0 | 0 | 0 |

中国工商银行绍江支行
2 0 2 3 1 2 2 2
转　讫

支付密码

附加信息及用途：

归还短期借款本金及利息

汇款人签章　　　　　复核：　　　　记账：

此联汇出行给汇款人的回单

业务 47-1

# 设备采购合同

合同编号20231220001

购货单位（甲方）： 浙江华业食品有限责任公司

供货单位（乙方）： 江苏通用包装设备有限公司

根据《中华人民共和国合同法》及国家相关法律、法规之规定，甲乙双方本着平等互利的原则，就甲方购买乙方货物一事达成以下协议。

一、货物的名称、数量及价格

| 货物名称 | 规格型号 | 单位 | 数量 | 单价 | 金额 | 税率 | 价税合计 |
|---|---|---|---|---|---|---|---|
| 包装机 | | 台 | 1 | 100000.00 | 100000.00 | 13% | 113000.00 |
| | | | | | | | |
| | | | | | | | |
| | | | | | | | |
| | | | | | | | |
| | | | | | | | |
| | | | | | | | |
| | | | | | | | |
| | | | | | | | |
| | | | | | | | |
| | | | | | | | |
| | | | | | | | |
| 合计（大写）◎壹拾壹万叁仟元整 | | | | | | | ￥113000.00 |

二、交货方式和费用承担：交货方式： 货交承运人 ，交货时间：2023年12月23日前，交货地点：购买方所在地 ，运费由 销售方 承担。

三、付款时间与付款方式： 验收合格后20天内付款 。

四、质量异议期：订货方对供货方的货物质量有异议时，应在收到货物后 10 天内提出，逾期视为货物质量合格。

五、未尽事宜经双方协商可作补充协议，与本合同具有同等效力。

六、本合同自双方签字、盖章之日起生效：本合同壹式贰份，甲乙双方各执壹份。

甲方（签章）：浙江华业食品有限责任公司

授权代 表： 寿××

地　址： 浙江省绍兴市越江路99号

电　话： 0575 5855666

2023 年 12 月 20 日

乙方（签章）：江苏通用包装设备有限公司

授权代 表： 胡新新

地　址： 江苏南通杭海路65号

电　话： 132 7098 6666

2023 年 12 月 20 日

## 业务 47-2

电子发票（增值税专用发票）

发票号码： 023460113116541

开票日期： 2023年12月21日

| 购买方信息 | 名称：浙江华业食品有限责任公司 | | | | | 销售方信息 | 名称：江苏通用包装设备有限公司 | | |
|---|---|---|---|---|---|---|---|---|---|
| | 统一社会信用代码/纳税人识别号：9133 0806 6989 9812 68 | | | | | | 统一社会信用代码/纳税人识别号：6231 0901 2030 6655 91 | | |

| 项目名称 | 规格型号 | 单位 | 数量 | 单价 | 金额 | 税率/征收率 | 税额 |
|---|---|---|---|---|---|---|---|
| 机器设备*包装机 | | 台 | 1 | 100000.00 | 100000.00 | 13% | 13000.00 |
| 合　计 | | | | | ￥100000.00 | | ￥13000.00 |
| 价税合计（大写） | ⊗壹拾壹万叁仟元整 | | | | （小写） | ￥113000.00 | |
| 备注 | | | | | | | |

开票人：康乐

业务 47-3

# 固定资产验收单

公司名称:浙江华业食品有限责任公司

| 资产编号 | 20231223 | | 资产名称 | | 包装机 | |
|---|---|---|---|---|---|---|
| 规格（编号） | | | 资产代码 | | 管理人 | 陈伟明 |
| 计量单位 | 台 | | 单价（元） | 100 000.00 | 金额（元） | 100 000.00 |
| 出厂日期 | 2023 年11 月05 日 | | | 购置日期 | 2023 年12 月20 日 | |
| 生产厂家 | 江苏通用包装设备有限公司 | | | 安装地点 | 一车间 | |
| 附件情况 | | | | | | |
| 固定资产验收情况说明:<br><br>设备检测合格 | | | | | | |
| 验收确认:<br>设备和采购合同要求相符<br><br>验收日期: 2023 年12 月23 日 | | | | | | |
| 管理部门负责人签字:王伟 | | | | | | |
| 公司总经理签字:叶丽丽 | | | | | | |

注:此表一式三份，使用部门、保管部门、财务部门各一份

业务 48-1

全国统一普通增值税普通发票 NO 00789012

国家税务局监制

机器编码：

开票日期：2023年12月23日

| 购买方 | 名　称： | 浙江华业食品有限责任公司 | | | | 密码区 | 67/*+3*0/611*++0/+0*/*+3+2/9 | | |
|---|---|---|---|---|---|---|---|---|---|
| | 纳税人识别号： | 913308066989981268 | | | | | *11*+66666**066611*+66666* | | |
| | 地址、电话： | 浙江省绍兴市钱江路99号0575-87256666 | | | | | 1**+216***6000*261*2*4/*547 | | |
| | 开户行及账号： | | | | | | 203994+-42*64151*6915361/3* | | |

| 货物或应税劳务、服务名称 | 规格型号 | 单位 | 数量 | 单价 | 金额 | 税率 | 税额 |
|---|---|---|---|---|---|---|---|
| 工程服务*安装服务 | | | 1 | 7766.99 | 7766.99 | 3% | 233.01 |
| | | | | | | | |
| | | | | | | | |
| 合　计 | | | | | ¥7766.99 | | ¥233.01 |
| 价税合计（大写） | ⊗捌仟元整 | | | | | （小写）¥8000.00 | |

| 销售方 | 名　称： | 绍兴康乐安装工程有限公司 | 备注 |
|---|---|---|---|
| | 纳税人识别号： | 913300193245678099 | |
| | 地址、电话： | 绍兴长安路9号 13267096645 | |
| | 开户行及账号： | 绍兴银行长安路支行 921089967001 | |

收款人：凌云　　复核：安安　　开票人：康乐乐　　销售方：章

第二联：发票联 购买方记账凭证

---

业务 48-2

## 付款申请书

2023 年 12 月 23 日填

字013　号

| 收款单位 | 绍兴康乐安装工程有限公司 | | 付款原因 |
|---|---|---|---|
| 账　号 | 921089967001 | | |
| 开户行 | 绍兴银行长安路支行 | | |
| 金　额 | 零 佰零 拾零 万捌 仟零 佰零 拾零 元零 角零 分 | | 支付安装费 |
| 附　件 | 1　张 | 金额（小写）¥8 000.00 | |
| 审批 | 同意 叶丽丽 | 财务 同意 高荣 | |

财务主管 高荣　　　记账 何德意　　　复核 梁慧慧　　　出纳 陈明　　　制单 赵飞

业务 48-3

# 中国工商银行

凭 证

## 业务回单（付款）

日期： 2023 年 12 月 23 日　　　　回单编号：20231223003

付款人户名： 浙江华业食品有限责任公司　　　　　　　付款人开户行：中国工商银行绍江支行

付款人账号（卡号）： 1202 0089 0190 0081 698

收款人户名： 绍兴康乐安装工程有限公司　　　　　　　收款人开户行：绍兴银行长安路支行

收款人账号（卡号）： 921089967001

金额： 捌仟元整　　　　　　　　　　　　　　　　　　小写：8 000.00

业务（产品）种类： 对公付款　　凭证种类： 00000000　　凭证号码： 0000000000

摘要： 跨行普通电汇　　　　用途： 支付安装费　　币种： 人民币

交易机构： 01206980　　　　记账柜员： 00002　　交易代码：　　　　渠道： 其他

本回单为第 1 次打印，注意重复打印日期： 2024 年 01 月 06 日　　打印柜员：

---

业务 49-1

# 固定资产验收单

2023 年 12 月 23 日　　　　　　　　　　　　　　单位:元

| 名称 | 单位 | 数量 | 价格 | 预计使用年限 | 使用部门 |
|------|------|------|------|------------|----------|
| 包装机 | 台 | 1 | 108 000.00 | 10 | 生产车间 |
|  |  |  |  |  |  |
|  |  |  |  |  |  |

备注:供应单位江苏通用包装设备有限公司

业务50-1

# 房屋租赁协议

合同编号:2023122310

（甲方）出租人：　杭州好房多多有限公司

（乙方）承租人：　浙江华业食品有限责任公司

经甲、乙方双方友好协商，甲方将位于　浙江省绍兴市钱江路99号
　　　　　　　　出租给乙方，面积共计为 400平方米　　　　　　。

一、租赁时间：从 2024 年1　月1　日至 2024 年12　月31　日，如乙方需续租，需提前 1　个月告知甲方，征得甲方同意。

二、房租为月租金人民币　壹拾万元整　￥100 000.00　　　　　　　，每年支付一次，于当年12　月23　日支付全年租金。

三、所租房屋产生的水、电、煤气、有线电视、网络费用由乙方承担。

四、按协议约定，乙方承租房屋 用于生产产品、存放货物及经营办公用
　　　　　　　　　。

甲方（签字、盖章）　　　　　　　　　　乙方（签字、盖章）　　　　　

电　　　　话：88670011　　　　　　　　电　　　　话：87256666

日　　　　期：2023 年 12　月 23　日　　　日　　　　期：2023 年 12　月 23　日

业务 50-2

## 付款申请书

2023 年 12 月 24 日填　　　　　　　　　　　　字014 号

| 收款单位 | 杭州好房多多有限公司 | | 付款原因 |
|---|---|---|---|
| 账　号 | 901267890023456 | | |
| 开户行 | 浦发银行杭行路支行 | | |
| 金　额 | 壹佰贰拾零万零仟零佰贰拾零元零角零分 | | 房屋租赁费 |
| 附　件 | 1　　　　　张 | 金额（小写）　¥1 200 000.00 | |
| 审批　同意 叶丽丽 | | 财务　同意 高荣 | |

财务主管 高荣　　　　记账 何德意　　　　复核 梁慧慧　　　　出纳 陈明　　　　制单 陈明

---

业务 50-3

## 中国工商银行　　　　　　　　　　　凭 证

## 业务回单（ 付款 ）

日期： 2023 年 12 月 23 日　　　　回单编号：2023122366

付款人户名： 浙江华业食品有限责任公司　　　　付款人开户行： 中国工商银行绍江支行

付款人账号（卡号）： 1202 0089 0190 0081 698

收款人户名： 杭州好房多多有限公司　　　　收款人开户行： 浦发银行杭行路支行

收款人账号（卡号）： 901267890023456

金额： 壹佰贰拾万元整　　　　　　　　　　　小写： 1 200 000.00

业务（产品）种类： 对公付款　　　凭证种类： 00000000　　　凭证号码： 0000000000

摘要： 跨行普通电汇　　　用途： 支付房租　　　币种： 人民币

交易机构： 01206980　　　记账柜员： 00002　　　交易代码：　　　渠道： 其他

本回单为第 1 次打印，注意重复打印日期： 2024 年 01 月 06 日　　　打印柜员：　　　验证码：

业务 51-1

中国工商银行

## 存款利息通知单（收账通知）

记账日期：2023年12月24日　　　　检索号：00786001

付款人户名：浙江华业食品有限责任公司　　　付款人账号：1202 0089 0190 0081 698

收款人户名：浙江华业食品有限责任公司　　　收款人账号：1202 0089 0190 0081 698

金额：人民币（大写）壹仟伍佰捌拾柒元整　　　　　　￥1 587.00

| 起息日期：20230920 | 止息日期：20231220 | 息余积数： | |
| 利息：1587.00 | 调整利息： | 冲正利息： | 计息账户账号： |

金融自助卡号：　　　　　　　　打印时间：2024年01月06日

银行验证码：　　　　　　　　　打印方式：　　　　　已打印次数：1

地区号：　　　网点号：　　　　柜员号：　　　　授权柜员号：

业务 52-1

## 客户付费回单

客户号：**0096543**　　　　　　　　　日期：2023　年 12　月 25　日

| 付款人账号： | 1202 0089 0190 0081 698 |
| 付款人全称： | 浙江华业食品有限责任公司 |
| 付款人开户银行： | 中国工商银行绍江支行 |
| 小写（合计）金额： | 壹佰伍拾元整 |
| 大写（合计）金额： | ￥150.00 |

| 业务种类： | 对公转账 | 业务编号： | 00000000 |
| 费用名称： | 电汇手续费 | | |

附言：

| 交易机构： | 0099000 | 交易渠道： | | 交易流水号： | 00078651 | 经办0002 |
| 回单编号： | 20231223009 | 回单验证码： | | 打印时间： | 2024年01月06日 | 已打印　次 |

业务 53-1

## 固定资产处理申请单

2023 年 12 月 25 日

| 固定资产名称 | HP激光打印机 | 单位 | 台 | 型号 | | 数量 | 1 |
| --- | --- | --- | --- | --- | --- | --- | --- |
| 资产编号 | 010 | 停用时间 | 2023年12月20日 | 购建时间 | 2021年3月1日 | 存放地点 | 行政部 |
| 已提折旧月数 | 33 | 原值 | 3600.00 | 累计折旧 | | 3135.00 | |
| 有效使用年限 | 3年 | 月折旧额 | 95.00 | 净值 | | 465.00 | |
| 处置原因 | | | | | | | |
| 财务部门意见：<br>同意　高荣<br>2023 年 12 月 25 日 | | | | 财务部门意见：<br><br>2023 年 12 月 25 日 | | | |

编制人 梁慧慧　　　　　　　　　使用部门负责人：陈伟明

视频 9　固定
资产的处置

业务 54-1

## 固定资产清理损益计算表

| 日期 | 2023年12月25日 | 资产使用部门 | 行政部 |
| --- | --- | --- | --- |
| 资产名称 | | 清理原因 | 报废 |
| 清理收入内容 | | 清理支出内容 | |
| 残料收入： | | 账面净值： | 465.00 |
| | | 清理费用： | |
| 固定资产清理净损失（收益"–"）：人民币（大写） | | | 肆佰陆拾伍元整 |

制表：梁慧慧　　　　　　复核：梁慧慧　　　　　　会计：何德意

业务 55-1

## 固定资产清理单

2023 年 12 月 25 日　　　　编号：20231225006

| 主管部门： | 生产车间 | | | | | 使用单位： | 生产车间 | | |
|---|---|---|---|---|---|---|---|---|---|
| 名称及型号 | 单位 | 数量 | 原始价值 | 已提折旧 | 净值 | 预计使用年限 | 实际使用年限 | 支付清理费 | 收回变价收入 |
| 给袋式包装机 | 台 | 1 | 210 000.00 | 57 750.00 | 152 250.00 | 120个月 | 33个月 | 1 695.00 | 100 000.00 |
| 建造单位 | | | | 清理原因　更新换代 | | 处理意见 | 部门负责人 | | |
| 建造年份 | | | | | | 同意处置 | 同意 陈伟明 | | |
| | | | | | | | 公司负责人 | | |
| 出厂号 | | | | | | | 同意 叶丽丽 | | |
| 单位公章 | | | 财务主管：高荣 | | 会计：梁慧慧 | | 制单：陈伟明 | | |

---

业务 56-1

电子发票（全国统增值税电子普用发票）

发票号码：02066022330065

开票日期：2023年12月25日

| 购买方信息 | 名称：浙江家和食品有限公司 统一社会信用代码/纳税人识别号：9133 0088 6655 8765 92 | | | | 销售方信息 | 名称：浙江华业食品有限责任公司 统一社会信用代码/纳税人识别号：9133 0806 6989 9812 68 | | | |
|---|---|---|---|---|---|---|---|---|---|
| 项目名称 | 规格型号 | 单位 | 数量 | 单价 | | 金额 | 税率/征收率 | 税额 | |
| 机械设备*给袋式包装机 | | 台 | 1 | 100000.00 | | 100000.00 | 13% | 13000.00 | |
| 合　计 | | | | | | ¥100000.00 | | ¥13000.00 | |
| 价税合计（大写） | ⊗壹拾壹万叁仟元整 | | | | | （小写） | ¥113000.00 | | |
| 备注 | | | | | | | | | |

开票人：何德意

业务 56-2

## 中国工商银行 　　　　　　凭 证

### 业务回单（收 款）

日期： 2023 年 12 月 25 日　　　回单编号：20231225012

付款人户名： 浙江家和食品有限公司　　　　　　付款人开户行：浙商银行和睦支行

付款人账号（卡号）： 12120023478901

收款人户名： 浙江华业食品有限责任公司　　　　　收款人开户行：中国工商银行绍江支行

收款人账号（卡号）： 1202 0089 0190 0081 698

金额： 壹拾壹万叁仟元整　　　　　　　　　　　　　小写： 113 000.00

业务（产品）种类： 对公转账　　凭证种类： 00000000　　凭证号码： 000000000

摘要： 跨行普通电汇　　用途： 设备款　　币种： 人民币

交易机构： 01206980　　记账柜员： 00002　　交易代码：　　渠道： 其他

本回单为第 1 次打印，注意重复打印日期： 2024 年 01 月 06 日　　打印柜员：

---

业务 57-1

发票号码： 02066022331122

开票日期： 2023年12月25日

电子发票（全国统增值税普通专用发票）

| 购买方信息 | 名称： 浙江华业食品有限责任公司 统一社会信用代码/纳税人识别号： 9133 0806 6989 9812 68 | | | | 销售方信息 | 名称： 杭州嘉吉二手设备销售有限公司 统一社会信用代码/纳税人识别号： 9133 2001 ZL001 7890 | | |
|---|---|---|---|---|---|---|---|---|
| 项目名称 | 规格型号 | 单位 | 数量 | 单价 | 金额 | 税率/征收率 | 税额 |
| 机械设备*清理费用 | | | 1 | 1500.00 | 1500.00 | 13% | 195.00 |
| 合 计 | | | | | ￥1500.00 | | ￥195.00 |
| 价税合计（大写） | ◎壹仟陆佰玖拾伍元整 | | | | （小写） | ￥1695.00 | |
| 备注 | | | | | | | |

开票人：王春灿

业务 57-2

## 付款申请书

2023 年 12 月 25 日填        字015 号

| 收款单位 | 杭州嘉吉二手设备销售有限公司 | 付款原因 |
|---|---|---|
| 账 号 | 1202002304567823654 | |
| 开户行 | 中国工商银行小河路支行 | |
| 金 额 | 零 佰零 拾零 万壹 仟陆 佰玖 拾伍 元零 角零 分 | |
| 附 件 | 1 张    金额（小写） ￥1 695.00 | 支付清理费 |
| 审 批 同意 叶丽丽 | 财 务 同意 高荣 | |

财务主管 高荣     记账 何德意     复核 梁慧慧     出纳 陈明       制单 陈明

---

业务 57-3

## 中国工商银行            凭 证

### 业务回单（ 付款 ）

日期： 2023 年 12 月 25 日       回单编号：20231225016

付款人户名： 浙江华业食品有限责任公司           付款人开户行： 中国工商银行绍江支行

付款人账号（卡号）： 1202 0089 0190 0081 698

收款人户名： 杭州嘉吉二手设备销售有限公司         收款人开户行： 中国工商银行小河路支行

收款人账号（卡号）： 1202 0023 0456 7823 654

金额： 壹仟陆佰玖拾伍元整              小写： 1 695.00

业务（产品）种类： 对公付款    凭证种类： 00000000    凭证号码： 000000000

摘要： 跨行普通电汇      用途： 清理费      币种： 人民币

交易机构： 01206980     记账柜员： 00002     交易代码：       渠道： 其他

本回单为第 1 次打印，注意重复打印日期： 2024 年 01 月 06 日    打印柜员：    验证码：

## 业务 58-1

### 固定资产清理损益计算表

| 日期 | 2023年12月25日 | 资产使用部门 | 生产车间 |
|---|---|---|---|
| 资产名称 | 给袋式包装机 | 清理原因 | 更新换代 |
| 清理收入内容 | | 清理支出内容 | |
| 残料收入： | | 账面净值： | |
| | | 清理费用： | |
| 固定资产清理净损失（收益"–"）：人民币（大写） | | | |

制表：　　　　　　　　复核：　　　　　　　　会计：

## 业务 59-1

# 付款申请书

2023 年 12 月 25 日填　　　　　　　　　　字016　号

| 收款单位 | 郭晓夏 | | 付款原因 |
|---|---|---|---|
| 账　号 | 121200348908665 | | |
| 开户行 | 杭州联合银行丰收路支行 | | |
| 金　额 | 零佰零拾壹万伍仟零佰零拾零元零角零分 | | |
| 附　件 | 1　　　　　　张 | 金额（小写）　¥15 000.00 | 支付房租 |
| 审批 同意 叶丽丽 | | 财务 同意 高荣 | |

财务主管 高荣　　　记账 何德意　　　复核 梁慧慧　　　出纳 陈明　　　制单 陈明

业务 59-2

电子普通发票（普通发票）

发票号码：14166022337788
开票日期：2023年12月25日

| 购买方信息 | 名称：浙江华业食品有限责任公司<br>统一社会信用代码/纳税人识别号： 9133 0806 6989 9812 68 | 销售方信息 | 名称：郭晓夏<br>统一社会信用代码/纳税人识别号： 330106199006095692 |
|---|---|---|---|

| 项目名称 | 规格型号 | 单位 | 数量 | 单价 | 金额 | 税率/征收率 | 税额 |
|---|---|---|---|---|---|---|---|
| 不动产租赁*房租 | | | 1 | 14563.11 | 14563.11 | 3% | 436.89 |
| 合　计 | | | | | | | ￥436.89 |

| 价税合计（大写） | ⊗壹万伍仟元整 | （小写） ￥15000.00 |
|---|---|---|

| 备注 | 绍兴市税务局代开　房屋地址：绍兴市钱江路100号 |
|---|---|

业务 59-3

## 中国工商银行

凭 证

### 业务回单（付款）

日期：2023 年 12 月 25 日　　回单编号：20231225062

付款人户名：浙江华业食品有限责任公司　　　　付款人开户行：中国工商银行绍江支行
付款人账号（卡号）： 1202 0089 0190 0081 698
收款人户名：郭晓夏　　　　　　　　　　　　收款人开户行：杭州联合银行丰收路支行
收款人账号（卡号）： 121200348908665
金额：壹万伍仟元整　　　　　　　　　　　小写：15 000.00
业务（产品）种类：转账支付　　凭证种类：00000000　　凭证号码：000000000
摘要：跨行普通电汇　　用途：支付房租　　币种：人民币
交易机构：01206980　　记账柜员：00002　　交易代码：　　渠道：其他

本回单为第 1 次打印，注意重复打印日期：2024 年 01 月 06 日　　打印柜员：　　验证码：

业务 60-1

## 福利费用分配汇总表

单位：元

| 应借账户 | 房租 | | | 合计 |
|---|---|---|---|---|
| 管理费用 | 15 000.00 | | | 15 000.00 |
| | | | | |
| 合计 | | | | ￥15 000.00 |

---

业务 61-1

## 购销合同

合同编号 2023122606

购货单位（甲方）：　浙江大好食品有限公司

供货单位（乙方）：　浙江华业食品有限责任公司

根据《中华人民共和国合同法》及国家相关法律、法规之规定，甲乙双方本着平等互利的原则，就甲方购买乙方货物一事达成以下协议。

一、货物的名称、数量及价格

| 货物名称 | 规格型号 | 单位 | 数量 | 单价 | 金额 | 税率 | 价税合计 |
|---|---|---|---|---|---|---|---|
| 普通年糕 | | 箱 | 650 | 150.00 | 97500.00 | 13% | 110175.00 |
| 芝士年糕 | | 箱 | 300 | 200.00 | 60000.00 | 13% | 67800.00 |
| | | | | | | | |
| | | | | | | | |
| | | | | | | | |
| | | | | | | | |
| | | | | | | | |
| | | | | | | | |
| | | | | | | | |
| | | | | | | | |
| | | | | | | | |
| | | | | | | | |
| 合计（大写）◎壹拾柒万柒仟玖佰柒拾伍元整 | | | | | | | ￥177975.00 |

二、交货方式和费用承担：交货方式：　货交承运人　　　　　，交货时间：2023年12月30日

前，交货地点：销售方所在地　　　　　　　　　　　　　，运费由 销售方 承担。

三、付款时间与付款方式：　货到10天内付款

四、质量异议期：订货方对供货方的货物质量有异议时，应在收到货物后 5 天内提出，逾期视为货物质量合格。

五、未尽事宜经双方协商可作补充协议，与本合同具有同等效力。

六、本合同自双方签字、盖章之日起生效；本合同壹式贰份，甲乙双方各执壹份。

甲方（签章）：浙江大好食品有限公司　　　　　乙方（签章）：浙江华业食品有限责任公司

授权代表：温良和　　　　　　　　　　　　　授权代表：村忠喜

地　　址：温州村100号　　　　　　　　　　地　　址：浙江省绍兴市镜湖路99号

电　　话：13667008900　　　　　　　　　　电　　话：0575-87256660

2023　年10　月26　日　　　　　　　　　　　2023　年12　月26　日

业务 61-2

统一税票监制普通发票

发票代码:02066022006677
发票号码:0206603201
开票日期:2023年12月30日

机器编码:

校验码:

| | 密码区 | 67/*+3*0/611*++0/+0*/*+3+2/9<br>*11*+66666**066611*+66666*<br>1**+216***6000*261*2*4/*547<br>203994+-42*64151*6915361/3* |
|---|---|---|

| 购买方 | 名　称: | 浙江大好食品有限公司 |
|---|---|---|
| | 纳税人识别号: | 913320167809001600 |
| | 地址、电话: | |
| | 开户行及账号: | |

| 货物或应税劳务、服务名称 | 规格型号 | 单位 | 数量 | 单价 | 金额 | 税率 | 税额 |
|---|---|---|---|---|---|---|---|
| 食品*普通年糕 | | 箱 | 650 | 150.00 | 97500.00 | 13% | 12675.00 |
| 食品*芝士年糕 | | 箱 | 300 | 200.00 | 60000.00 | 13% | 7800.00 |
| 合　计 | | | | | ¥157500.00 | | ¥20475.00 |

价税合计(大写)  ⊗壹拾柒万柒仟玖佰柒拾伍元整    (小写) ¥177975.00

| 销售方 | 名　称: | 浙江华业食品有限责任公司 | 备注 | |
|---|---|---|---|---|
| | 纳税人识别号: | 9133 0806 6989 9812 68 | | |
| | 地址、电话: | 浙江省绍兴市钱江路99号 0575-87256666 | | |
| | 开户行及账号: | 中国工商银行绍江支行 1202 0089 0190 0081 698 | | |

收款人: 陈明    复核: 梁慧慧    开票人: 何德意    销售方: (章)

---

业务 61-3

# 出库单　　No 0098710

会计部门编号 0012367
仓库部门编号 001

2023 年 12 月 30 日

| 编号 | 名称 | 规格 | 单位 | 出库数量 | 单价 | 金额 | 备注 |
|---|---|---|---|---|---|---|---|
| 1 | 普通年糕 | | 箱 | 650 | | | |
| 2 | 芝士年糕 | | 箱 | 300 | | | |
| | 合　计 | | | | | | |

第二联 交财务部

生产车间或部门: 一车间    仓库管理员: 陈伟明

业务 62-1

## 电费分配表

日期：2023 年 12 月 31 日　　　　　　　　　　　　　　　单位:元

| 应借科目 | | 直接计入 | 分配计入 | | | 合计 |
| --- | --- | --- | --- | --- | --- | --- |
| | | | 分配标准 | 分配率 | 分配金额 | |
| 生产成本 | 普通年糕 | | | | | |
| | 芝士年糕 | | | | | |
| | 小计 | | | | | |
| 制造费用—水电费 | | | | | | |
| 管理费用—水电费 | | | | | | |
| 销售费用—水电费 | | | | | | |
| 合计 | | | | | | |

会计主管:高荣　　　　　复核:梁慧慧　　　　　制表:张丹

业务 62-2

## 生产工时统计表

日期:2023 年 12 月 31 日

| 产品名称 | 单位 | 工时 |
| --- | --- | --- |
| 普通年糕 | 小时 | 6 000 |
| 芝士年糕 | 小时 | 4 000 |
| 合计 | | 10 000 |

会计主管:高荣　　　　　复核:梁慧慧　　　　　制表:张丹

业务 62-3

## 用电量统计表

日期:2023 年 12 月 31 日　　　　　　　　　　　　　　　单位:元

| 部门名称 | 用电量 | 单价 | 金额 |
| --- | --- | --- | --- |
| 生产车间 | 10 000 | 0.8 | 8 000.00 |
| 车间管理部门 | 300 | 0.8 | 240.00 |
| 管理部门 | 100 | 0.8 | 80.00 |
| 财务部门 | 50 | 0.8 | 40.00 |
| 销售部门 | 50 | 0.8 | 40.00 |
| 合计 | 10 500 | | 8 400.00 |

会计主管:高荣　　　　　复核:梁慧慧　　　　　制表:张丹

业务62-4

电子发票  用发票）

发票号码：14133022339945

开票日期：2023年12月30日

| 购买方信息 | 名称：浙江华业食品有限责任公司 | | | 销售方信息 | 名称：绍江区供电局 | | | |
|---|---|---|---|---|---|---|---|---|
| | 统一社会信用代码/纳税人识别号：913308066989981268 | | | | 统一社会信用代码/纳税人识别号：913333556678890182 | | | |

| 项目名称 | 规格型号 | 单位 | 数量 | 单价 | 金额 | 税率/征收率 | 税额 |
|---|---|---|---|---|---|---|---|
| 供电*电费 | | 度 | 10500 | 0.80 | 8400.00 | 13% | 1092.00 |
| 合　计 | | | | | ￥8400.00 | | ￥1092.00 |

| 价税合计（大写） | ⊗玖仟肆佰玖拾贰元整 | （小写） | ￥9492.00 |
|---|---|---|---|

| 备注 | |
|---|---|

开票人：何暖

---

业务63-1

## 水 费 分 配 表

日期：2023 年 12 月 31 日　　　　　　　　　　　　　　单位:元

| 应借科目 | 直接计入 | 分配计入 | | | 合计 |
|---|---|---|---|---|---|
| | | 分配标准 | 分配率 | 分配金额 | |
| 生产成本 | 普通年糕 | | | | |
| | 芝士年糕 | | | | |
| | 小计 | | | | |
| 制造费用—水电费 | | | | | |
| 管理费用—水电费 | | | | | |
| 销售费用—水电费 | | | | | |
| 合计 | | | | | |

会计主管:高荣　　　　　　复核:梁慧慧　　　　　　制表:张丹

业务 63-2

# 生产工时统计表

日期:2023 年 12 月 31 日

| 产品名称 | 单位 | 工时 |
|---|---|---|
| 普通年糕 | 小时 | 6 000 |
| 芝士年糕 | 小时 | 4 000 |
| 合计 | | 10 000 |

会计主管:高荣　　　　复核:梁慧慧　　　　制表:张丹

业务 63-3

# 用水量统计表

日期:2023 年 12 月 31 日　　　　　　　　　　　　　　单位:元

| 部门名称 | 用水量 | 单价 | 金额 |
|---|---|---|---|
| 生产车间 | 900 | 5.6 | 5 040.00 |
| 车间管理部门 | 50 | 5.6 | 280.00 |
| 管理部门 | 5 | 5.6 | 28.00 |
| 财务部门 | 3 | 5.6 | 16.80 |
| 销售部门 | 2 | 5.6 | 11.20 |
| 合计 | 960 | | 5 376.00 |

会计主管:高荣　　　　复核:梁慧慧　　　　制表:张丹

业务 63-4

电子发票（全国统一增值税普通发票）

发票号码： 14133022339945

开票日期： 2023年12月30日

| 购买方信息 | 名称： 浙江华业食品有限责任公司 统一社会信用代码/纳税人识别号： 913308066989981268 | 销售方信息 | 名称： 绍江区自来水公司 统一社会信用代码/纳税人识别号： 913333556678890182 |
|---|---|---|---|

| 项目名称 | 规格型号 | 单位 | 数量 | 单价 | 金额 | 税率/征收率 | 税额 |
|---|---|---|---|---|---|---|---|
| 供水*自来水 | | 立方米 | 960 | 5.60 | 5376.00 | 9% | 483.84 |
| | | | | | | | |
| 合 计 | | | | | ¥5376.00 | | ¥483.84 |
| 价税合计（大写） | ⊗伍仟捌佰伍拾玖元捌角肆分 | | | | （小写） ¥5859.84 | | |
| 备注 | | | | | | | |

开票人：方向

---

业务 64-1

## 职工福利发放审批表

单位： 浙江华业食品有限责任公司

制单日期：2023年12月31日

| 编号 | 产品名称 | 单价 | 单位 | 数量 | 金额 | 备注 |
|---|---|---|---|---|---|---|
| 001 | 普通年糕 | 203.40 | 箱 | 23 | 4 678.20 | |
| | | | | | | |
| | | | | | | |
| | | | | | | |
| 合计 | | | | | 4 678.20 | |

复核：何慧慧　　　　　　　　　　　　　　制单：陈明

业务 65-1

## 2023 年 12 月福利费分配表

单位:元

| 序号 | 部门 | 姓名 | 发放金额 | 合计 |
|---|---|---|---|---|
| 1 | 管理部门 | 叶丽丽 | 203.40 | 813.60 |
| 2 | | 王伟 | 203.40 | |
| 3 | | 方天意 | 203.40 | |
| 4 | | 杨晓如 | 203.40 | |
| 5 | 销售部门 | 赵可可 | 203.40 | 610.20 |
| 6 | | 程宏伟 | 203.40 | |
| 7 | | 赵飞 | 203.40 | |
| 8 | 财务部门 | 高荣 | 203.40 | 813.60 |
| 9 | | 梁慧慧 | 203.40 | |
| 10 | | 李明 | 203.40 | |
| 11 | | 何德意 | 203.40 | |
| 12 | 车间管理人员 | 陈伟明 | 203.40 | 203.40 |
| 13 | 普通年糕 | 张丹 | 203.40 | 1 220.40 |
| 14 | | 何书恒 | 203.40 | |
| 15 | | 冯康 | 203.40 | |
| 16 | | 单洁 | 203.40 | |
| 17 | | 金鑫 | 203.40 | |
| 18 | | 蔡明明 | 203.40 | |
| 19 | 芝士年糕 | 柴国富 | 203.40 | 1 017.00 |
| 20 | | 高明亮 | 203.40 | |
| 21 | | 李生 | 203.40 | |
| 22 | | 徐天天 | 203.40 | |
| 23 | | 蒋天真 | 203.40 | |
| 总计 | | | | 4 678.20 |

业务66-1

# 购销合同

合同编号2023123000 1

购货单位（甲方）：　　上海开拓食品有限公司

供货单位（乙方）：　　浙江华业食品有限责任公司

根据《中华人民共和国合同法》及国家相关法律、法规之规定，甲乙双方本着平等互利的原则，就甲方购买乙方货物一事达成以下协议。

一、货物的名称、数量及价格

| 货物名称 | 规格型号 | 单位 | 数量 | 单价 | 金额 | 税率 | 价税合计 |
|---|---|---|---|---|---|---|---|
| 普通年糕 |  | 箱 | 1300 | 150.00 | 195000.00 | 13% | 220350.00 |
| 芝士年糕 |  | 箱 | 1000 | 200.00 | 200000.00 | 13% | 226000.00 |
|  |  |  |  |  |  |  |  |
|  |  |  |  |  |  |  |  |
|  |  |  |  |  |  |  |  |
|  |  |  |  |  |  |  |  |
|  |  |  |  |  |  |  |  |
|  |  |  |  |  |  |  |  |
|  |  |  |  |  |  |  |  |
|  |  |  |  |  |  |  |  |
|  |  |  |  |  |  |  |  |
|  |  |  |  |  |  |  |  |
|  |  |  |  |  |  |  |  |
| 合计（大写）◎肆拾肆万陆仟叁佰伍拾元整 |  |  |  |  |  |  | ￥446350.00 |

二、交货方式和费用承担：交货方式：　　货交承运人　　　　　　，交货时间：2023年12月31日前，交货地点：销售方所在地　　　　　　　　，运费由 销售方 承担。

三、付款时间与付款方式：　　货到一周内付款

四、质量异议期：订货方对供货方的货物质量有异议时，应在收到货物后　　10　　　　天内提出，逾期视为货物质量合格。

五、未尽事宜经双方协商可作补充协议，与本合同具有同等效力。

六、本合同自双方签字、盖章之日起生效；本合同壹式贰份，甲乙双方各执壹份。

甲方（签章）：上海开拓食品有限公司　　　　　　乙方（签章）：浙江华业食品有限责任公司

授权代表：　江建军　　　　　　　　　　　　　授权代表：　海双喜

地　　址：　上海市高新技术开发区235号　　　　地　　址：　浙江省绍兴市钱江路99号

电　　话：　021-89467696　　　　　　　　　　电　　话：　0575875×0666

2023　年　12　月　30　日　　　　　　　　　　2023　年　12　月　30　日

业务 66-2

| 电子发票 国家税务总局监制（增值税专用发票） | | | | | | 发票号码：2349860005643789 开票日期：2023年12月31日 | | |
|---|---|---|---|---|---|---|---|---|

| 购买方信息 | 名称：上海开拓食品有限公司 统一社会信用代码/纳税人识别号：33067890321XL67H | 销售方信息 | 名称：浙江华业食品有限责任公司 统一社会信用代码/纳税人识别号：913308066989981268 |
|---|---|---|---|

| 项目名称 | 规格型号 | 单位 | 数量 | 单价 | 金额 | 税率/征收率 | 税额 |
|---|---|---|---|---|---|---|---|
| 食品*普通年糕 | | 箱 | 1300 | 150.00 | 195000.00 | 13% | 25350.00 |
| 食品*芝士年糕 | | 箱 | 1000 | 200.00 | 200000.00 | 13% | 26000.00 |
| 合　计 | | | | | ￥395000.00 | | ￥51350.00 |
| 价税合计（大写） | ⊗肆拾肆万陆仟叁佰伍拾元整 | | | | （小写）　￥446350.00 | | |
| 备注 | | | | | | | |

开票人：何德意

---

业务 66-3

# 出库单　　No 0098711

会计部门编号 0012367
仓库部门编号 001

2023 年 12 月 31 日

| 编号 | 名称 | 规格 | 单位 | 出库数量 | 单价 | 金额 | 备注 |
|---|---|---|---|---|---|---|---|
| 1 | 普通年糕 | | 箱 | 1300 | | | |
| 2 | 芝士年糕 | | 箱 | 1000 | | | |
| | | | | | | | |
| | | | | | | | |
| 合　计 | | | | | | | |

第二联交财务部

生产车间或部门：一车间　　　　仓库管理员：陈伟明

业务 67-1

## 折旧摊销明细表

单位:浙江华业食品有限责任公司 2023 年 12 月

| 会计时间 | 资产编号 | 资产类别 | 资产名称 | 使用部门 | 资产原值 | 本月折旧 | 本年累计折旧 | 累计折旧 | 减值准备 | 资产净值 |
|---|---|---|---|---|---|---|---|---|---|---|
| 2023 年 12 月 | 001 | 机器机械生产设备 | 全自动立式包装机 | 生产车间（100%） | 157 000.00 | 1 308.33 | 1 308.33 | 43 175.00 | | 113 825.00 |
| 2023 年 12 月 | 002 | 机器机械生产设备 | 给袋式包装机 | 生产车间（100%） | 210 000.00 | 1 750.00 | 3 500.00 | 57 750.00 | | 152 250.00 |
| 2023 年 12 月 | 003 | 机器机械生产设备 | 枕式包装机 | 生产车间（100%） | 49 000.00 | 408.33 | 11 025.00 | 11 025.00 | | 37 975.00 |
| 2023 年 12 月 | 004 | 机器机械生产设备 | 切段机 | 生产车间（100%） | 15 000.00 | 250.00 | 2 000.00 | 2 000.00 | | 13 000.00 |
| 2023 年 12 月 | 005 | 机器机械生产设备 | 清洗机 | 生产车间（100%） | 52 000.00 | 866.67 | 5 200.00 | 5 200.00 | | 46 800.00 |
| 2023 年 12 月 | 006 | 电子设备 | 冷柜 | 生产车间（100%） | 5 929.20 | 164.70 | 5 435.10 | 5 435.10 | | 494.10 |
| 2023 年 12 月 | 007 | 机器机械生产设备 | 年糕设备 | 生产车间（100%） | 360 000.00 | 3 000.00 | 99 000.00 | 99 000.00 | | 261 000.00 |
| 2023 年 12 月 | 008 | 机器机械生产设备 | 切段机 | 生产车间（100%） | 3 200.00 | 66.67 | 2 200.00 | 2 200.00 | | 1 000.00 |
| 2023 年 12 月 | 009 | 其他固定资产 | 文件柜及椅子 | 管理部门（100%） | 12 000.00 | 190.00 | 190.00 | 6 270.00 | | 5 730.00 |
| 2023 年 12 月 | 010 | 电子设备 | HP 激光打印机 | 管理部门（100%） | 3 600.00 | 95.00 | 95.00 | 3 135.00 | | 465.00 |
| 2023 年 12 月 | | 合计 | | | 867 729.20 | 8 099.70 | 129 953.43 | 235 190.10 | | 632 539.10 |

视频 10 计提折旧(1)

视频 11 计提折旧(2)

---

业务 68-1

## 无形资产摊销表

日期:2023 年 12 月 31 日 单位:元

| 项目 | 无形资产原值 | 净残值 | 摊销年限 | 月摊销额 |
|---|---|---|---|---|
| 生产专利 | 1 200 000.00 | 0 | 10 | 10 000.00 |
| 商标权 | 240 000.00 | 0 | 10 | 2 000.00 |
| 合计 | | | | 12 000.00 |

会计主管:高荣 复核:梁慧慧 制表:张丹

业务69-1

## 长期待摊费用摊销表

日期:2023 年 12 月 31 日                                                单位:元

| 项目 | 长期待摊费用 | 摊销年限 | 月摊销额 | 备注 |
|---|---|---|---|---|
| 装修费用 | 234 000.00 | 3 | 6 500.00 | 租赁厂房装修费 |
|  |  |  |  |  |
| 合计 | 234 000.00 | 3 | 6 500.00 |  |

会计主管:高荣              复核:梁慧慧              制表:张丹

业务70-1

## 原材料及辅助材料发出汇总表

日期:2023 年 12 月 31 日                                                单位:元

| 领用部门 | 材料名称 | 数量 | 单价 | 金额 |
|---|---|---|---|---|
| 生产一部 | 普通大米 |  |  |  |
|  | 调味品 |  |  |  |
| 小计 |  |  |  |  |
| 生产二部 | 生态大米 |  |  |  |
|  | 芝士 |  |  |  |
|  | 调味品 |  |  |  |
| 小计 |  |  |  |  |
| 合计 |  |  |  |  |

会计主管:高荣              复核:梁慧慧              制表:张丹

视频 12  计划
成本(1)

视频 13  计划
成本(2)

业务 70-2

## 领料单

仓库：　原材料库　　　　　　　　　　2023 年 12 月 04 日

| 编号 | 类别 | 材料名称 | 规格 | 单位 | 数量 | | 实际价格 | |
|---|---|---|---|---|---|---|---|---|
| | | | | | 请领 | 实发 | 单价 | 金额 |
| 1 | 原材料 | 普通大米 | | 千克 | 25 000 | 25 000 | 3.29 | 82 250.00 |
| 2 | 原材料 | 生态大米 | | 千克 | 36 500 | 36 500 | 4.99 | 182 135.00 |
| | | 合计 | | | | | | 264 385.00 |

| 用途 | 生产普通年糕和芝士年糕 | 领料部门 | | 发料部门 | | 财务部门 | |
|---|---|---|---|---|---|---|---|
| | | 负责人 | 领料人 | 核准人 | 发料人 | 审核 | 会计 |
| | | 陈伟明 | 张丹 | 杨晓如 | 陈伟明 | 叶丽丽 | 梁慧慧 |

会计记账联

---

业务 70-3

## 领料单

仓库：　原材料库　　　　　　　　　　2023 年 12 月 15 日

| 编号 | 类别 | 材料名称 | 规格 | 单位 | 数量 | | 实际价格 | |
|---|---|---|---|---|---|---|---|---|
| | | | | | 请领 | 实发 | 单价 | 金额 |
| 1 | 原材料 | 普通大米 | | 千克 | 15 000 | 15 000 | 3.29 | 49 350.00 |
| | | 合计 | | | | | | 49 350.00 |

| 用途 | 生产普通年糕 | 领料部门 | | 发料部门 | | 财务部门 | |
|---|---|---|---|---|---|---|---|
| | | 负责人 | 领料人 | 核准人 | 发料人 | 审核 | 会计 |
| | | 陈伟明 | 张丹 | 杨晓如 | 陈伟明 | 叶丽丽 | 梁慧慧 |

会计记账联

---

业务 70-4

## 领料单

仓库：　原材料库　　　　　　　　　　2023 年 12 月 04 日

| 编号 | 类别 | 材料名称 | 规格 | 单位 | 数量 | | 实际价格 | |
|---|---|---|---|---|---|---|---|---|
| | | | | | 请领 | 实发 | 单价 | 金额 |
| 1 | 原材料 | 调味品 | | 包 | 100 | 100 | 8.00 | 800.00 |
| 2 | 原材料 | 芝士 | | 包 | 100 | 400 | 30.00 | 12 000.00 |
| | | 合计 | | | | | | 12 800.00 |

| 用途 | 生产产品：调味品用来生产普通年糕 | 领料部门 | | 发料部门 | | 财务部门 | |
|---|---|---|---|---|---|---|---|
| | | 负责人 | 领料人 | 核准人 | 发料人 | 审核 | 会计 |
| | | 陈伟明 | 张丹 | 杨晓如 | 陈伟明 | 叶丽丽 | 梁慧慧 |

会计记账联

业务 70-5

## 领料单

仓库：原材料库　　　　　　　2023 年 12 月 15 日

| 编号 | 类别 | 材料名称 | 规格 | 单位 | 数量 | | 实际价格 | |
|---|---|---|---|---|---|---|---|---|
| | | | | | 请领 | 实发 | 单价 | 金额 |
| 1 | 原材料 | 调味品 | | 包 | 60 | 60 | 8.00 | 480.00 |
| | | | | | | | | |
| | | 合计 | | | | | | 480.00 |

| 用途 | 生产芝士年糕 | 领料部门 | | 发料部门 | | 财务部门 | |
|---|---|---|---|---|---|---|---|
| | | 负责人 | 领料人 | 核准人 | 发料人 | 审核 | 会计 |
| | | 陈伟明 | 张丹 | 杨晓如 | 陈伟明 | 叶丽丽 | 梁慧慧 |

会计记账联

---

业务 71-1

## 周转材料发出总表

日期:2023 年 12 月 31 日　　　　　　　　　　　　　　单位:元

| 领用部门 | 材料名称 | 数量 | 单价 | 金额 |
|---|---|---|---|---|
| 生产车间 | 包装袋 | 7 500 | 0.50 | 3 750.00 |
| | 手套 | 80 | 10.00 | 800.00 |
| | 工作服 | 12 | 150.00 | 1 800.00 |
| 小计 | | | | 6 350.00 |
| 管理部门 | 工作服 | 3 | 150.00 | 450.00 |
| 财务部门 | 工作服 | 2 | 150.00 | 300.00 |
| 销售部门 | 工作服 | 3 | 150.00 | 450.00 |
| 合计 | | | | 7 550.00 |

会计主管:高荣　　　　　复核:梁慧慧　　　　　制表:张丹

业务 72-1

## 存货盘点报告

年　　月　　日　　　　　　　　　　　　　　　　　　　单位：元

| 类别 | 名称 | 单位 | 单价 | 数量 | | 盘盈 | | 盘亏 | | 原因 |
|---|---|---|---|---|---|---|---|---|---|---|
| | | | | 账存 | 实存 | 数量 | 金额 | 数量 | 金额 | |
| | | | | | | | | | | |
| | | | | | | | | | | |
| | | | | | | | | | | |
| | | | | | | | | | | |
| 合计 | | | | | | | | | | |

主管　　　　　　　盘点人：　　　　　　　　　　　　保管员：

视频 14　存货清单

---

业务 73-1

## 材料盘亏（盈）处理通知单

2023 年　12 月　31 日

盘亏的调味品属于生产过程中的合理损耗，将损耗转入管理费用。

情况属实　高荣　2023年12月31日

情况属实　叶丽丽　2023年12月31日

总经理：叶丽丽　　　　财务主管：高荣　　　　会计：梁慧慧

业务 74-1

# 工资分配表

日期:2023 年 12 月 31 日　　　　　　　　　　　　　　　　　单位:元

| 部门名称 | | 直接计入 | 分配计入 | | | 合计 |
|---|---|---|---|---|---|---|
| | | | 分配标准 | 分配率 | 分配金额 | |
| 生产车间 | 生产一部 | | 6 000 | | | |
| | 生产二部 | | 4 000 | | | |
| | 小计 | | 10 000 | | | |
| 车间管理人员 | | | | | | |
| 管理部门 | | | | | | |
| 财务部门 | | | | | | |
| 销售部门 | | | | | | |
| 合计 | | | | | | |

会计主管:高荣　　　　　复核:何德意　　　　　制表:梁慧慧

业务 74-2

# 2023 年 12 月工资表

单位:元

| 序号 | 部门 | 姓名 | 应发工资 | 代扣款项 | | | | | | 实发工资 |
|---|---|---|---|---|---|---|---|---|---|---|
| | | | | 基本养老保险 | 基本医疗保险 | 失业保险 | 住房公积金 | 小计 | 个人所得税 | |
| 1 | 管理部门 | 叶丽丽 | 14 000.00 | 384.00 | 96.00 | 24.00 | 400.00 | 904.00 | 92.00 | 13 004.00 |
| 2 | | 王伟 | 10 000.00 | 384.00 | 96.00 | 24.00 | 400.00 | 904.00 | 33.00 | 9 063.00 |
| 3 | | 方天意 | 7 000.00 | 384.00 | 96.00 | 24.00 | 400.00 | 904.00 | | 6 096.00 |
| 4 | | 杨晓如 | 7 000.00 | 384.00 | 96.00 | 24.00 | 400.00 | 904.00 | 45.00 | 6 051.00 |
| | 小计 | | 38 000.00 | 1 536.00 | 384.00 | 96.00 | 1 600.00 | 3 616.00 | 170.00 | 34 214.00 |
| 5 | 销售部门 | 赵可可 | 5 300.00 | 384.00 | 96.00 | 24.00 | 200.00 | 704.00 | | 4 596.00 |
| 6 | | 程宏伟 | 5 300.00 | 384.00 | 96.00 | 24.00 | 200.00 | 704.00 | | 4 596.00 |
| 7 | | 赵飞 | 5 300.00 | 384.00 | 96.00 | 24.00 | 200.00 | 704.00 | | 4 596.00 |
| | 小计 | | 15 900.00 | 1 152.00 | 288.00 | 72.00 | 600.00 | 2 112.00 | | 13 788.00 |
| 8 | 财务部门 | 高荣 | 8 000.00 | 384.00 | 96.00 | 24.00 | 400.00 | 904.00 | | 7 096.00 |
| 9 | | 梁慧慧 | 5 950.00 | 384.00 | 96.00 | 24.00 | 200.00 | 704.00 | | 5 246.00 |
| 10 | | 李明 | 5 950.00 | 384.00 | 96.00 | 24.00 | 200.00 | 704.00 | | 5 246.00 |
| 11 | | 何德意 | 5 750.00 | 384.00 | 96.00 | 24.00 | 200.00 | 704.00 | | 5 046.00 |
| | 小计 | | 25 650.00 | 1 536.00 | 384.00 | 96.00 | 1 000.00 | 3 016.00 | | 22 634.00 |
| 12 | 车间管理人员 | 陈伟明 | 6 800.00 | 384.00 | 96.00 | 24.00 | 200.00 | 704.00 | | 6 096.00 |
| 13 | 生产车间 | 张丹 | 4 700.00 | 384.00 | 96.00 | 24.00 | | 504.00 | | 4 196.00 |
| 14 | | 何书恒 | 4 600.00 | 384.00 | 96.00 | 24.00 | | 504.00 | | 4 096.00 |
| 15 | | 冯康 | 4 650.00 | 384.00 | 96.00 | 24.00 | | 504.00 | | 4 146.00 |
| 16 | | 单洁 | 4 400.00 | 384.00 | 96.00 | 24.00 | | 504.00 | | 3 896.00 |
| 17 | | 金鑫 | 4 580.00 | 384.00 | 96.00 | 24.00 | | 504.00 | | 4 076.00 |
| 18 | | 蔡明明 | 4 700.00 | 384.00 | 96.00 | 24.00 | | 504.00 | | 4 196.00 |
| 19 | | 柴国富 | 4 800.00 | 384.00 | 96.00 | 24.00 | | 504.00 | | 4 296.00 |
| 20 | | 高明亮 | 4 180.00 | 384.00 | 96.00 | 24.00 | | 504.00 | | 3 676.00 |
| 21 | | 李生 | 4 220.00 | 384.00 | 96.00 | 24.00 | | 504.00 | | 3 716.00 |
| 22 | | 徐天天 | 4 370.00 | 384.00 | 96.00 | 24.00 | | 504.00 | | 3 866.00 |
| 23 | | 蒋天真 | 5 000.00 | 384.00 | 96.00 | 24.00 | | 504.00 | | 4 496.00 |
| | 小计 | | 50 200.00 | 4 224.00 | 1 056.00 | 264.00 | 0.00 | 5 544.00 | 0.00 | 44 656.00 |
| | 合计 | | 136 550.00 | 8 832.00 | 2 208.00 | 552.00 | 3 400.00 | 14 992.00 | 170.00 | 121 388.00 |

会计主管:高荣　　　　　复核:何德意　　　　　制表:梁慧慧

业务 75-1

# 社会保险分配表

日期:2023 年 12 月 31 日 单位:元

| 部门名称 | | 直接计入 | 分配计入 | | | 合计 |
|---|---|---|---|---|---|---|
| | | | 分配标准 | 分配率 | 分配金额 | |
| 生产车间 | 普通年糕 | | 6 000 | | | |
| | 芝士年糕 | | 4 000 | | | |
| | 小计 | | 10 000 | | | |
| 车间管理人员 | | | | | | |
| 管理部门 | | | | | | |
| 财务部门 | | | | | | |
| 销售部门 | | | | | | |
| 合计 | | | | | | |

会计主管:高荣 复核:何德意 制表:梁慧慧

---

业务 75-2

# 住房公积金分配表

日期:2023 年 12 月 31 日 单位:元

| 部门名称 | | 直接计入 | 分配计入 | | | 合计 |
|---|---|---|---|---|---|---|
| | | | 分配标准 | 分配率 | 分配金额 | |
| 生产车间 | 普通年糕 | | 6 000 | | | |
| | 芝士年糕 | | 4 000 | | | |
| | 小计 | | 10 000 | | | |
| 车间管理人员 | | | | | | |
| 管理部门 | | | | | | |
| 财务部门 | | | | | | |
| 销售部门 | | | | | | |
| 合计 | | | | | | |

会计主管:高荣 复核:何德意 制表:梁慧慧

业务75-3

## 2023 年 12 月社保及住房公积金

单位:元

| 序号 | 部门 | 姓名 | 企业社保 | | | | | 住房公积金 | 小计 |
|---|---|---|---|---|---|---|---|---|---|
| | | | 基本养老保险 | 基本医疗保险 | 失业保险 | 工伤保险 | 社保小计 | | |
| 1 | 管理部门 | 叶丽丽 | 672.00 | 456.00 | 24.00 | 9.60 | 1 161.60 | 400.00 | 1 561.60 |
| 2 | | 王伟 | 672.00 | 456.00 | 24.00 | 9.60 | 1 161.60 | 400.00 | 1 561.60 |
| 3 | | 方天意 | 672.00 | 456.00 | 24.00 | 9.60 | 1 161.60 | 400.00 | 1 561.60 |
| 4 | | 杨晓如 | 672.00 | 456.00 | 24.00 | 9.60 | 1 161.60 | 400.00 | 1 561.60 |
| | 小计 | | 2 688.00 | 1 824.00 | 96.00 | 38.40 | 4 646.40 | 1 600.00 | 6 246.40 |
| 5 | 销售部门 | 赵可可 | 672.00 | 456.00 | 24.00 | 9.60 | 1 161.60 | 200.00 | 1 361.60 |
| 6 | | 程宏伟 | 672.00 | 456.00 | 24.00 | 9.60 | 1 161.60 | 200.00 | 1 361.60 |
| 7 | | 赵飞 | 672.00 | 456.00 | 24.00 | 9.60 | 1 161.60 | 200.00 | 1 361.60 |
| | 小计 | | 2016.00 | 1368.00 | 72.00 | 28.80 | 3484.00 | 600.00 | 4084.80 |
| 8 | 财务部门 | 高荣 | 672.00 | 456.00 | 24.00 | 9.60 | 1 161.00 | 400.00 | 1 561.60 |
| 9 | | 梁慧慧 | 672.00 | 456.00 | 24.00 | 9.60 | 1 161.00 | 200.00 | 1 361.60 |
| 10 | | 李明 | 672.00 | 456.00 | 24.00 | 9.60 | 1 161.00 | 200.00 | 1 361.60 |
| 11 | | 何德意 | 672.00 | 456.00 | 24.00 | 9.60 | 1 161.00 | 200.00 | 1 361.60 |
| | 小计 | | 2 688.00 | 1 824.00 | 96.00 | 38.40 | 4 646.40 | 1 000.00 | 5 646.40 |
| 12 | 车间管理人员 | 陈伟明 | 672.00 | 456.00 | 24.00 | 9.60 | 1 161.00 | 200.00 | 1 361.60 |
| 13 | 生产车间 | 张丹 | 672.00 | 456.00 | 24.00 | 9.60 | 1 161.60 | | 1 161.60 |
| 14 | | 何书恒 | 672.00 | 456.00 | 24.00 | 9.60 | 1 161.60 | | 1 161.60 |
| 15 | | 冯康 | 672.00 | 456.00 | 24.00 | 9.60 | 1 161.60 | | 1 161.60 |
| 16 | | 单洁 | 672.00 | 456.00 | 24.00 | 9.60 | 1 161.60 | | 1 161.60 |
| 17 | | 金鑫 | 672.00 | 456.00 | 24.00 | 9.60 | 1 161.60 | | 1 161.60 |
| 18 | | 蔡明明 | 672.00 | 456.00 | 24.00 | 9.60 | 1 161.60 | | 1 161.60 |
| 19 | | 柴国富 | 672.00 | 456.00 | 24.00 | 9.60 | 1 161.60 | | 1 161.60 |
| 20 | | 高明亮 | 672.00 | 456.00 | 24.00 | 9.60 | 1 161.60 | | 1 161.60 |
| 21 | | 李生 | 672.00 | 456.00 | 24.00 | 9.60 | 1 161.60 | | 1 161.60 |
| 22 | | 徐天天 | 672.00 | 456.00 | 24.00 | 9.60 | 1 161.60 | | 1 161.60 |
| 23 | | 蒋天真 | 672.00 | 456.00 | 24.00 | 9.60 | 1 161.60 | | 1 161.60 |
| | 小计 | | 7 392.00 | 5 016.00 | 264.00 | 105.60 | 12 777.60 | 0.00 | 12 777.60 |
| | 合计 | | 15 456.00 | 10 488.00 | 552.00 | 220.80 | 26 716.80 | 3 400.00 | 30 116.80 |

会计主管:高荣　　　　复核:何德意　　　　制表:梁慧慧

业务76-1

## 制造费用分配表

日期:2023 年 12 月 31 日 单位:元

| 分配对象(产品) | 待分配金额 | 分配标准(实际工时) | 分配率(单位成本) | 分配金额 |
|---|---|---|---|---|
| 普通年糕 | | | | |
| 芝士年糕 | | | | |
| 合 计 | | | | |

会计主管:高荣 复核:何德意 制表:梁慧慧

---

业务77-1

## 生产成本计算单

完工日期: 完工数量:
产品名称: 月末在产品数量:
完工程度: 单位:元

| 成本项目 | 直接材料 | 直接人工 | 制造费用 | 合计 |
|---|---|---|---|---|
| 月初在产品成本 | | | | |
| 本月生产费用 | | | | |
| 合 计 | | | | |
| 完工产品数量 | | | | |
| 在产品约当产量 | | | | |
| 约当总产量 | | | | |
| 分配率 | | | | |
| 完工产品成本 | | | | |
| 月末在产品成本 | | | | |
| 单位成本 | | | | |

会计主管:高荣 复核:何德意 制表:梁慧慧

业务 77-2

# 生产成本计算单

完工日期：　　　　　　　　　　　　　完工数量：

产品名称：　　　　　　　　　　　　　月末在产品数量：

完工程度：　　　　　　　　　　　　　　　　　　　　　　单位：元

| 成本项目 | 直接材料 | 直接人工 | 制造费用 | 合计 |
|---|---|---|---|---|
| 月初在产品成本 | | | | |
| 本月生产费用 | | | | |
| 合计 | | | | |
| 完工产品数量 | | | | |
| 在产品约当产量 | | | | |
| 约当总产量 | | | | |
| 分配率 | | | | |
| 完工产品成本 | | | | |
| 月末在产品成本 | | | | |
| 单位成本 | | | | |

会计主管：高荣　　　　　复核：何德意　　　　　制表：梁慧慧

业务 77-3

# 产成品成本汇总表

日期：　　　　　　　　　　　　　　　　　　　　　单位：元

| 产品名称 | 计量单位 | 产量 | 直接材料 | 直接人工 | 制造费用 | 总成本 | 单位成本 |
|---|---|---|---|---|---|---|---|
| | | | | | | | |
| | | | | | | | |
| 合计 | | | | | | | |

会计主管：　　　　　复核：　　　　　制表：

业务 77-4

## 入库单

日期： 单位:元

| 产品名称 | 规格 | 单位 | 数量 | 单价 | 金额 | 备注 |
|---|---|---|---|---|---|---|
| | | | | | | |
| | | | | | | |
| 合计 | | | | | | |

会计主管： 复核： 制表：

---

业务 78-1

## 产品销售成本计算表

日期 单位:元

| 产品名称 | 期初结存 | | | 本期完工入库 | | | 本期销售 | | |
|---|---|---|---|---|---|---|---|---|---|
| | 数量 | 单位成本 | 总成本 | 数量 | 单位成本 | 总成本 | 数量 | 单位成本 | 总成本 |
| 普通年糕 | | | | | | | | | |
| 芝士年糕 | | | | | | | | | |
| 合计 | | | | | | | | | |

会计主管： 复核： 制表：

---

业务 79-1

## 交易性金融资产公允价值变动计算表

日期:2023 年 12 月 31 日 单位:元

| 账面价值 | 公允价值 | 公允价值变动损益(益用＋,损用－) |
|---|---|---|
| 600 000.00 | 650 000.00 | |

会计主管:高荣 复核:何德意 制表:梁慧慧

业务 80-1

## 坏账准备计算表

年 月 日　　　　　　　　　　　　　　　　　单位:元

| 项目 | 应收款项目余额 | 计提比例 | 应收账款期末余额×计提比例 | 应补提或冲减额 |
|------|---------------|----------|--------------------------|---------------|
|      |               |          |                          |               |
|      |               |          |                          |               |
|      |               |          |                          |               |
| 合计 |               |          |                          |               |

编制　　　　　　　　　　　　　　审核

视频 15　应收
款项减值

业务 81-1

## 未缴增值税计提表

年 月 日　　　　　　　　　　　　　　　　　单位:元

| 1. 应缴增值税明细账期初余额 | |
|----------------------------|--|
| 2. 应缴增值税明细账进项税额本期发生额 | |
| 3. 应缴增值税明细账进项税额转出本期发生额 | |
| 4. 应缴增值税明细账销项税额本期发生额 | |
| 5. 本月应缴增值税额 | |

业务 82-1

## 税金及附加计算表

年　　月　　日　　　　　　　　　　　　　　单位:元

| 项目 | 计算依据 | 金额 | 税率 | 应纳税额 |
|---|---|---|---|---|
|  |  |  |  |  |
|  |  |  |  |  |
|  |  |  |  |  |
|  |  |  |  |  |
| 合计 |  |  |  |  |

---

业务 84-1

## 企业所得税计提表

单位:元

| 项目 | 金额 |
|---|---|
| 本年利润总额 |  |
| 　加:纳税调整增加额 |  |
| 　减:纳税调整减少额 |  |
| 本年应纳税所得额 |  |
| 使用税率 |  |
| 本年应纳税所得税额 |  |
| 　减:本年度已纳所得税 |  |
| 本期应纳所得税税额 |  |

视频 16　所得
税费用

业务84-2

## 递延所得税费用计算表

单位:元

| 项目 | 账面价值 | 计税基础 | 差异 | | 当期应确认的递延所得税费用 |
|---|---|---|---|---|---|
| | | | 应纳税暂时性差异 | 可抵扣暂时性差异 | |
| 交易性金融资产 | | | | | |
| 应收账款 | | | | | |
| | | | | | |
| | | | | | |

---

业务87-1

## 提取盈余公积计算表

日期: 单位:元

| 项目 | 税后净利润 | 提取比例 | 提取额 |
|---|---|---|---|
| 法定盈余公积 | | | |
| 任意盈余公积 | | | |
| 合计 | | | |

---

业务88-1

视频17 利润分配

## 应付股利计算表

日期: 单位:元

| 股东成员 | 税后净利润 | 提取比例 | 提取额 |
|---|---|---|---|
| | | | |
| | | | |
| | | | |
| 合计 | | | |

## 任务四　记账凭证填制与审核

### 一、记账凭证填制

（一）记账凭证的概念

记账凭证是指会计人员根据审核无误的原始凭证,按照设置的账户运用复式簿记编制的,用以确定会计分录并作为登记分类账账户直接依据的凭据。

（二）记账凭证的种类

1. 专用记账凭证

专用记账凭证是用于反映某一类会计交易或事项的记账凭证。会计交易或事项按照是否涉及货币资金,可分为收款业务、付款业务和转账业务,所以专用记账凭证可分为收款凭证、付款凭证、转账凭证。

# 收 款 凭 证

| 总 号 | |
| --- | --- |
| 分 号 | |

借方科目 _____　　年　月　日　　附件　　张

| 摘　　　　　要 | 应 贷 科 目 | | 过账 | 金　额 | | | | | | | | | |
| --- | --- | --- | --- | --- | --- | --- | --- | --- | --- | --- | --- | --- | --- |
| | 一级科目 | 二级及明细科目 | | 亿 | 千 | 百 | 十 | 万 | 千 | 百 | 十 | 元 | 角 | 分 |
| | | | | | | | | | | | | | |
| | | | | | | | | | | | | | |
| | | | | | | | | | | | | | |
| | | | | | | | | | | | | | |
| | | | | | | | | | | | | | |
| | | | | | | | | | | | | | |
| | | | | | | | | | | | | | |

财会主管　　　　记账　　　　　出纳　　　　　复核　　　　　制单

# 付 款 凭 证

| 总 号 | |
|---|---|
| 分 号 | |

贷方科目 _____　　　　年　月　日　　　　附件　　　张

| 摘　　　要 | 应 借 科 目 | | 过账 | 金　额 |
|---|---|---|---|---|
| | 一级科目 | 二级及明细科目 | | 亿 千 百 十 万 千 百 十 元 角 分 |
| | | | | |
| | | | | |
| | | | | |
| | | | | |
| | | | | |
| | | | | |
| | | 合 计 | | |

财会主管　　　记账　　　出纳　　　复核　　　制单　　　领款人签章

- - - - - - - - - - - - - - - - - - - - - - - - - - - - - - - - - - - - - - - - - - - - - - - - - - - - -

# 转 账 凭 证

| 总 号 | |
|---|---|
| 分 号 | |

年　月　日　　　　附件　　　张

| 摘　　　要 | 一级科目 | 二级及明细科目 | 过账 | 借 方 金 额 | 贷 方 金 额 |
|---|---|---|---|---|---|
| | | | | 千 百 十 万 千 百 十 元 角 分 | 千 百 十 万 千 百 十 元 角 分 |
| | | | | | |
| | | | | | |
| | | | | | |
| | | | | | |
| | | | | | |
| | | | | | |
| | | 合 计 | | | |

财会主管　　　复核　　　记账　　　制单

2. 通用记账凭证

通用记账凭证是指用于反映所有会计交易或事项的记账凭证。采用通用记账凭证的企业,无论会计交易或事项是收款业务、付款业务,还是转账业务,所编制的记账凭证均应采用通用记账凭证。

(三)记账凭证的基本要素

记账凭证必须具备以下基本内容,即记账凭证的基本要素:

(1)填制单位的名称;

(2)记账凭证的名称;

(3)填制凭证的日期和编号;

(4)经济业务的内容摘要;

(5)应借、应贷会计科目(包括总账科目、明细科目)的名称及其金额;

(6)过账备注(过账标记);

(7)所附原始凭证张数(简称"附件");

(8)有关人员的签名或盖章。包括制证人员、稽核人员、记账人员、会计机构负责人、会计主管人员和出纳员(收、付款记账凭证)。

(四)记账凭证填制的基本要求

(1)必须以审核无误的原始凭证为依据;

(2)按照国家统一的会计制度的规定,正确填制会计科目、子目和编制会计分录;

(3)选择、确定记账凭证的种类;

(4)填写记账凭证的日期;

(5)填写记账凭证中的金额;

(6)记账凭证应按行次逐笔填写,不得跳行或留空行;

(7)填写记账凭证的编号;

(8)计算和填写所附原始凭证的张数;

(9)在记账凭证上签名或盖章;

(10)对错填的记账凭证应更正:

①如果没有登记入账,则将其作废并重新填制;

②如果已经登记入账,则采用正确的方法予以更正。

(五)专用记账凭证的填制方法

1. 收款凭证的填制方法

收款凭证按照借方科目设置,并根据主体科目设置库存现金和银行存款分别填制。

①现金收款业务:在"借方科目"栏填库存现金科目,在"贷方科目"栏填与库存现金科目相对应的贷方会计科目。

②银行存款收款业务:在"借方科目"栏填银行存款科目,在"贷方科目"栏填与银行存款科目相对应的贷方会计科目。

2. 付款凭证的填制方法

付款凭证按照贷方科目设置,并根据主体科目设置库存现金和银行存款分别填制。

①现金付款业务:在凭证的右上角"贷方科目"栏填库存现金科目,在"借方科目"栏填与库存现金科目相对应的借方会计科目。

②银行存款付款业务:在"贷方科目"栏填银行存款科目,在"借方科目"栏填与银行付款科目相对应的借方会计科目。

3. 转账凭证的填制方法

在借贷记账法下,将经济业务所涉及的会计科目全部填列在凭证内,借方科目在先(上),贷方科目在后(下),将各会计科目所记应借、应贷的金额分别填在"借方金额""贷方金额"栏内。借方金额合计与贷方金额合计应该相等。

## 二、记账凭证审核

记账凭证的审核是保证账簿记录真实、准确的前提和基础。因此,除了填制人员应当认真负责,加强自审外,会计部门还应建立相互复核或专人审核的制度。审核的主要内容包括以下三个方面:

(1)记账凭证是否附有原始凭证,记账凭证与所附原始凭证在经济内容和金额上是否一致。

(2)应借、应贷的账户名称和金额是否正确,账户对应关系是否清楚,核算内容是否符合会计制度规定。

(3)记账凭证中的有关项目是否填列齐全,有关人员是否都已签名或盖章。

## 三、会计凭证传递与保管

(一)会计凭证的传递

会计凭证的传递是指会计凭证从填制到归档保管期间,在本单位内部各有关部门和人员之间的传递程序和传递时间。

(二)组织会计凭证的传递

(1)必须确定由谁填制或取得原始凭证,填制多少份;

(2)应确定填制的各份凭证或取得的凭证应分别交给哪个部门,由谁接办下一步手续,由谁交到会计部门,由谁负责整理填制记账凭证,又由谁负责审核记账。其中,不仅要规定各种凭证的传递环节和顺序,还要规定一定的停留时间。

(三)会计凭证的保管

会计凭证是一种有法律效力的重要经济档案,入账后要妥善保管,以便日后随时利用、查阅。

## 任务五　账簿登记

### 一、会计账簿

(一)会计账簿的概念

会计账簿,亦称账簿,是根据会计科目开设并由专门格式的账页连结在一起的,以会计凭证为依据,序时、分类地记录各项交易或事项,为编制会计报告进行会计数据加工和存储的簿籍,俗称"账本"。

(二)会计账簿的分类

会计账簿的种类很多,为具体地认识各种账簿的特点,更好地运用账簿的功能,应从不同角度对会计账簿进行分类。

1. 按会计账簿用途分类

按会计账簿的用途,主要是就会计账簿对会计报表编制的作用而言的,主要分为序时账簿、分类账簿和备查账簿三种。

2. 按会计账簿外表形式分类

按会计账簿的外表形式,主要是就账簿登记的方便性和保管的安全性而言的,主要分为订本式账簿、活页式账簿、卡片式账簿三种。

3. 按会计账簿账页格式分类

按会计账簿的账页格式,主要是就会计账簿账页的结构和会计科目规定的内容而言的,主要分为三栏式账簿、数量金额式账簿和多栏式账簿三种。

(三)账簿的构成和启用规则

(1)启用时,在账簿扉页上填写"账簿启用表"并加盖公章。

(2)中途更换记账人员时,应办理交接手续。

### 二、登记账簿的基本要求

(1)登记依据:审核无误的原始凭证和记账凭证。

(2)登记用笔的墨水颜色:必须用蓝色或黑色墨水笔,除结账、改错、冲销账簿记录、负余额外,不得使用红色墨水或红色圆珠笔书写。

(3)登记内容:每笔都必须记明日期、凭证号数、摘要和金额,要在记账凭证上注明账页的页次或画"√"表示已经过账。

(4)登记顺序:不得跳行隔页,如果发生隔页跳行,应该对空行或空页画红对角线注销,并由记账人员盖章表示负责。

(5)借贷方向的登记:与凭证上所记的借贷方向相同。

(6)书写文字、数字、金额:字及数字的大小占行间的2/3。

(7)转页手续:在账页最末行摘要栏内注明"转次页",在次页的第一行摘要栏内注明"承前页"。

(8)错账更正:账簿中不允许涂改、刮擦、挖补或用褪色药水更改字迹。如有错误应按规定的错误更正方法更正。

(9)更换新账:各种账簿原则上每年都要更换新账。

## 任务六　对账和结账

### 一、对账

对账就是核对账目,即对会计账簿中所做的记录进行全面核对。在会计核算的日常记账、过账及结账过程中,出于种种原因,难免发生记账、计算等差错,也难免出现账实不符的现象。为了保证账簿记录的完整与正确,为会计报表的编制提供真实可靠的数据资料,应在全部交易或事项入账之后,于平时或期末结账之前,对各种账簿记录进行核对,做到账证相符、账账相符、账实相符。

### 二、结账

(一)结账的含义

结账一般是指在会计期末对一定时期内账簿记录所做的结束工作。结账有"狭义结账"与"广义结账"之分。所谓"狭义结账",是指在会计期末计算出各账户的本期发生额和余额并画出结账标志的程序和方法。所谓"广义结账",是指在把本会计期间内所发生的全部经济业务登记入账的基础上,在期末计算出各账户的本期发生额和余额并画出结账标志的程序和方法。

(二)结账的意义

各会计期间内所发生的交易或事项,于该会计期间全部登记入账并进行对账无误后,即可通过账簿记录了解交易或事项的发生和完成情况,但管理上既要求掌握各会计期间的经营活动的过程,也要求掌握各会计期间的经营活动的结果,并相应编制各会计期间的会计报表。所以,通过结账的方式,把各种账簿记录结算清楚:一是可以按照会计分期的要求,计算企业在会计期末的财务状况和该会计期间的经营成果;二是可以为期末编制会计报表提供必要的数据资料。

(三)结账的要点

(1)对不需按月结计本期发生额的账户,在每次记账以后,都要随时结出余额,每月最后一笔余额即为月末余额。月末结账时,只需要在最后一笔经济业务事项记录之下通栏画单红线,不需要再结计一次余额,如应收账款明细账、财产物资明细账。

(2)现金、银行存款日记账和需要按月结计发生额的收入、费用等明细账,每月结账时,在最后一笔经济业务下面画单红线,结出本月发生额和余额,在摘要栏内注明"本月合计"字样,并在下面通栏画单红线。

(3)需要结计本年累计发生额的某些明细账户,每月结账时,应在"本月合计"行下结出自年初起至本月末止的累计发生额,登记在月份发生额下面,在摘要栏内注明"本年累计"字样,并在下面通栏画单红线。12月末的"本年累计"就是全年累计发生额,全年累计发生额下通栏画双红线。

（4）总账账户平时只需结出月末余额。年终结账时，对所有总账账户结出全年发生额和年末余额，在摘要栏内注明"本年合计"字样，并在合计数下通栏画双红线。

（5）年度终了结账时，有余额的账户，要将其余额结转下年，并在摘要栏内注明"结转下年"字样；在下一会计年度新建有关会计账户的第一行余额栏内填写上年结转的余额，并在摘要栏内注明"上年结转"字样。

# 附录 实训耗材附件

附件1

## 记账凭证

年　　月　　日　　　　　　　　　　　　　附件　　　　张

| 摘　要 | 总账科目 | 明细科目 | 借方金额 | | | | | | | | | | | 记账符号 | 借方金额 | | | | | | | | | | | 记账符号 |
|---|---|---|---|---|---|---|---|---|---|---|---|---|---|---|---|---|---|---|---|---|---|---|---|---|---|---|
| | | | 亿 | 千 | 百 | 十 | 万 | 千 | 百 | 十 | 元 | 角 | 分 | | 亿 | 千 | 百 | 十 | 万 | 千 | 百 | 十 | 元 | 角 | 分 | |
| | | | | | | | | | | | | | | ☐ | | | | | | | | | | | | | ☐ |
| | | | | | | | | | | | | | | ☐ | | | | | | | | | | | | | ☐ |
| | | | | | | | | | | | | | | ☐ | | | | | | | | | | | | | ☐ |
| | | | | | | | | | | | | | | ☐ | | | | | | | | | | | | | ☐ |
| | | | | | | | | | | | | | | ☐ | | | | | | | | | | | | | ☐ |
| 结算方式及票号： | 合　计 | | | | | | | | | | | | | ☐ | | | | | | | | | | | | | ☐ |

会计主管　　　　　　　记账　　　　　　复核　　　　　　　制证

---

## 记账凭证

字第　　　　号
年　　月　　日　　　　　　　　　　　　　附件　　　　张

| 摘　要 | 总账科目 | 明细科目 | 借方金额 | | | | | | | | | | | 记账符号 | 借方金额 | | | | | | | | | | | 记账符号 |
|---|---|---|---|---|---|---|---|---|---|---|---|---|---|---|---|---|---|---|---|---|---|---|---|---|---|---|
| | | | 亿 | 千 | 百 | 十 | 万 | 千 | 百 | 十 | 元 | 角 | 分 | | 亿 | 千 | 百 | 十 | 万 | 千 | 百 | 十 | 元 | 角 | 分 | |
| | | | | | | | | | | | | | | ☐ | | | | | | | | | | | | | ☐ |
| | | | | | | | | | | | | | | ☐ | | | | | | | | | | | | | ☐ |
| | | | | | | | | | | | | | | ☐ | | | | | | | | | | | | | ☐ |
| | | | | | | | | | | | | | | ☐ | | | | | | | | | | | | | ☐ |
| | | | | | | | | | | | | | | ☐ | | | | | | | | | | | | | ☐ |
| 结算方式及票号： | 合　计 | | | | | | | | | | | | | ☐ | | | | | | | | | | | | | ☐ |

会计主管　　　　　　　记账　　　　　　复核　　　　　　　制证

# 记 账 凭 证

年 月 日

字第 号
附件 张

| 摘 要 | 总账科目 | 明细科目 | 借方金额 | | | | | | | | | | | 记账符号 | 借方金额 | | | | | | | | | | | 记账符号 |
|---|---|---|亿|千|百|十|万|千|百|十|元|角|分|---|亿|千|百|十|万|千|百|十|元|角|分|---|
| | | | | | | | | | | | | | | ☐ | | | | | | | | | | | | ☐ |
| | | | | | | | | | | | | | | ☐ | | | | | | | | | | | | ☐ |
| | | | | | | | | | | | | | | ☐ | | | | | | | | | | | | ☐ |
| | | | | | | | | | | | | | | ☐ | | | | | | | | | | | | ☐ |
| | | | | | | | | | | | | | | ☐ | | | | | | | | | | | | ☐ |
| 结算方式及票号： | | 合 计 | | | | | | | | | | | | ☐ | | | | | | | | | | | | ☐ |

会计主管　　　　　记账　　　　　复核　　　　　制证

---

# 记 账 凭 证

年 月 日

字第 号
附件 张

| 摘 要 | 总账科目 | 明细科目 | 借方金额 | | | | | | | | | | | 记账符号 | 借方金额 | | | | | | | | | | | 记账符号 |
|---|---|---|亿|千|百|十|万|千|百|十|元|角|分|---|亿|千|百|十|万|千|百|十|元|角|分|---|
| | | | | | | | | | | | | | | ☐ | | | | | | | | | | | | ☐ |
| | | | | | | | | | | | | | | ☐ | | | | | | | | | | | | ☐ |
| | | | | | | | | | | | | | | ☐ | | | | | | | | | | | | ☐ |
| | | | | | | | | | | | | | | ☐ | | | | | | | | | | | | ☐ |
| | | | | | | | | | | | | | | ☐ | | | | | | | | | | | | ☐ |
| 结算方式及票号： | | 合 计 | | | | | | | | | | | | ☐ | | | | | | | | | | | | ☐ |

会计主管　　　　　记账　　　　　复核　　　　　制证

# 记 账 凭 证

年　　月　　日

字第　　　　号
附件　　　　张

| 摘　要 | 总账科目 | 明细科目 | 借方金额 | | | | | | | | | | | 记账符号 | 借方金额 | | | | | | | | | | | 记账符号 |
|---|---|---|---|---|---|---|---|---|---|---|---|---|---|---|---|---|---|---|---|---|---|---|---|---|---|---|
| | | | 亿 | 千 | 百 | 十 | 万 | 千 | 百 | 十 | 元 | 角 | 分 | | 亿 | 千 | 百 | 十 | 万 | 千 | 百 | 十 | 元 | 角 | 分 | |
| | | | | | | | | | | | | | | ☐ | | | | | | | | | | | | | ☐ |
| | | | | | | | | | | | | | | ☐ | | | | | | | | | | | | | ☐ |
| | | | | | | | | | | | | | | ☐ | | | | | | | | | | | | | ☐ |
| | | | | | | | | | | | | | | ☐ | | | | | | | | | | | | | ☐ |
| | | | | | | | | | | | | | | ☐ | | | | | | | | | | | | | ☐ |
| 结算方式及票号： | | 合　计 | | | | | | | | | | | | ☐ | | | | | | | | | | | | | ☐ |

会计主管　　　　　　　记账　　　　　　　复核　　　　　　　制证

---

# 记 账 凭 证

年　　月　　日

字第　　　　号
附件　　　　张

| 摘　要 | 总账科目 | 明细科目 | 借方金额 | | | | | | | | | | | 记账符号 | 借方金额 | | | | | | | | | | | 记账符号 |
|---|---|---|---|---|---|---|---|---|---|---|---|---|---|---|---|---|---|---|---|---|---|---|---|---|---|---|
| | | | 亿 | 千 | 百 | 十 | 万 | 千 | 百 | 十 | 元 | 角 | 分 | | 亿 | 千 | 百 | 十 | 万 | 千 | 百 | 十 | 元 | 角 | 分 | |
| | | | | | | | | | | | | | | ☐ | | | | | | | | | | | | | ☐ |
| | | | | | | | | | | | | | | ☐ | | | | | | | | | | | | | ☐ |
| | | | | | | | | | | | | | | ☐ | | | | | | | | | | | | | ☐ |
| | | | | | | | | | | | | | | ☐ | | | | | | | | | | | | | ☐ |
| 结算方式及票号： | | 合　计 | | | | | | | | | | | | ☐ | | | | | | | | | | | | | ☐ |

会计主管　　　　　　　记账　　　　　　　复核　　　　　　　制证

# 记账凭证

字第 号

年 月 日

附件 张

| 摘要 | 总账科目 | 明细科目 | 借方金额 | | | | | | | | | | 记账符号 | 借方金额 | | | | | | | | | | 记账符号 |
|---|---|---|---|---|---|---|---|---|---|---|---|---|---|---|---|---|---|---|---|---|---|---|---|---|
| | | | 亿 | 千 | 百 | 十 | 万 | 千 | 百 | 十 | 元 | 角 | 分 | ☐ | 亿 | 千 | 百 | 十 | 万 | 千 | 百 | 十 | 元 | 角 | 分 | ☐ |
| | | | | | | | | | | | | | | ☐ | | | | | | | | | | | | ☐ |
| | | | | | | | | | | | | | | ☐ | | | | | | | | | | | | ☐ |
| | | | | | | | | | | | | | | ☐ | | | | | | | | | | | | ☐ |
| | | | | | | | | | | | | | | ☐ | | | | | | | | | | | | ☐ |
| 结算方式及票号： | | 合 计 | | | | | | | | | | | | ☐ | | | | | | | | | | | | ☐ |

会计主管　　　　　　记账　　　　　　复核　　　　　　制证

---

# 记账凭证

字第 号

年 月 日

附件 张

| 摘要 | 总账科目 | 明细科目 | 借方金额 | | | | | | | | | | 记账符号 | 借方金额 | | | | | | | | | | 记账符号 |
|---|---|---|---|---|---|---|---|---|---|---|---|---|---|---|---|---|---|---|---|---|---|---|---|---|
| | | | 亿 | 千 | 百 | 十 | 万 | 千 | 百 | 十 | 元 | 角 | 分 | ☐ | 亿 | 千 | 百 | 十 | 万 | 千 | 百 | 十 | 元 | 角 | 分 | ☐ |
| | | | | | | | | | | | | | | ☐ | | | | | | | | | | | | ☐ |
| | | | | | | | | | | | | | | ☐ | | | | | | | | | | | | ☐ |
| | | | | | | | | | | | | | | ☐ | | | | | | | | | | | | ☐ |
| | | | | | | | | | | | | | | ☐ | | | | | | | | | | | | ☐ |
| 结算方式及票号： | | 合 计 | | | | | | | | | | | | ☐ | | | | | | | | | | | | ☐ |

会计主管　　　　　　记账　　　　　　复核　　　　　　制证

# 记 账 凭 证

年　　月　　日

字第　　　　　号
附件　　　　　张

| 摘　要 | 总账科目 | 明细科目 | 借方金额 | | | | | | | | | | 记账符号 | 借方金额 | | | | | | | | | | 记账符号 |
|---|---|---|---|---|---|---|---|---|---|---|---|---|---|---|---|---|---|---|---|---|---|---|---|---|
| | | | 亿 | 千 | 百 | 十 | 万 | 千 | 百 | 十 | 元 | 角 | 分 | ☐ | 亿 | 千 | 百 | 十 | 万 | 千 | 百 | 十 | 元 | 角 | 分 | ☐ |
| | | | | | | | | | | | | | ☐ | | | | | | | | | | | | ☐ |
| | | | | | | | | | | | | | ☐ | | | | | | | | | | | | ☐ |
| | | | | | | | | | | | | | ☐ | | | | | | | | | | | | ☐ |
| | | | | | | | | | | | | | ☐ | | | | | | | | | | | | ☐ |
| 结算方式及票号： | | 合　计 | | | | | | | | | | | ☐ | | | | | | | | | | | | ☐ |

会计主管　　　　　记账　　　　　复核　　　　　制证

---

# 记 账 凭 证

年　　月　　日

字第　　　　　号
附件　　　　　张

| 摘　要 | 总账科目 | 明细科目 | 借方金额 | | | | | | | | | | 记账符号 | 借方金额 | | | | | | | | | | 记账符号 |
|---|---|---|---|---|---|---|---|---|---|---|---|---|---|---|---|---|---|---|---|---|---|---|---|---|
| | | | 亿 | 千 | 百 | 十 | 万 | 千 | 百 | 十 | 元 | 角 | 分 | ☐ | 亿 | 千 | 百 | 十 | 万 | 千 | 百 | 十 | 元 | 角 | 分 | ☐ |
| | | | | | | | | | | | | | ☐ | | | | | | | | | | | | ☐ |
| | | | | | | | | | | | | | ☐ | | | | | | | | | | | | ☐ |
| | | | | | | | | | | | | | ☐ | | | | | | | | | | | | ☐ |
| | | | | | | | | | | | | | ☐ | | | | | | | | | | | | ☐ |
| 结算方式及票号： | | 合　计 | | | | | | | | | | | ☐ | | | | | | | | | | | | ☐ |

会计主管　　　　　记账　　　　　复核　　　　　制证

附件2

## 账薄启用表

| 单位名称 | | | | | 印花粘贴处 | | |
|---|---|---|---|---|---|---|---|
| 账薄名称 | | | | | | | |
| 账薄编号 | | | | | | | |
| 启用日期 | | 年　月　日 | | | | | |
| 账薄页数 | | 页 | | | | | |

| 经管人员 | 负责人 | | 主办会计 | | 复核 | | 记账 | |
|---|---|---|---|---|---|---|---|---|
| | 姓名 | 盖章 | 姓名 | 盖章 | 姓名 | 盖章 | 姓名 | 盖章 |
| | | | | | | | | |

| 接收记录 | 经管人员 | | 接管 | | | | 交出 | | | |
|---|---|---|---|---|---|---|---|---|---|---|
| | 职别 | 姓名 | 年 | 月 | 日 | 盖章 | 年 | 月 | 日 | 盖章 |
| | | | | | | | | | | |
| | | | | | | | | | | |
| | | | | | | | | | | |

| 备注 | | 印鉴 | |
|---|---|---|---|
| | | | |

附件3

# 现金日记账

| 年 | | 凭证 | | 摘要 | 对方科目 | 借方金额 | | | | | | | | | 贷方金额 | | | | | | | | | 余　额 | | | | | | | | | √ |
|---|---|---|---|---|---|---|---|---|---|---|---|---|---|---|---|---|---|---|---|---|---|---|---|---|---|---|---|---|---|---|---|---|---|
| 月 | 日 | 字 | 号 | | | 百 | 十 | 万 | 千 | 百 | 十 | 元 | 角 | 分 | 百 | 十 | 万 | 千 | 百 | 十 | 元 | 角 | 分 | 百 | 十 | 万 | 千 | 百 | 十 | 元 | 角 | 分 | |
| | | | | | | | | | | | | | | | | | | | | | | | | | | | | | | | | | ☐ |
| | | | | | | | | | | | | | | | | | | | | | | | | | | | | | | | | | ☐ |
| | | | | | | | | | | | | | | | | | | | | | | | | | | | | | | | | | ☐ |
| | | | | | | | | | | | | | | | | | | | | | | | | | | | | | | | | | ☐ |
| | | | | | | | | | | | | | | | | | | | | | | | | | | | | | | | | | ☐ |
| | | | | | | | | | | | | | | | | | | | | | | | | | | | | | | | | | ☐ |
| | | | | | | | | | | | | | | | | | | | | | | | | | | | | | | | | | ☐ |
| | | | | | | | | | | | | | | | | | | | | | | | | | | | | | | | | | ☐ |
| | | | | | | | | | | | | | | | | | | | | | | | | | | | | | | | | | ☐ |
| | | | | | | | | | | | | | | | | | | | | | | | | | | | | | | | | | ☐ |
| | | | | | | | | | | | | | | | | | | | | | | | | | | | | | | | | | ☐ |
| | | | | | | | | | | | | | | | | | | | | | | | | | | | | | | | | | ☐ |
| | | | | | | | | | | | | | | | | | | | | | | | | | | | | | | | | | ☐ |
| | | | | | | | | | | | | | | | | | | | | | | | | | | | | | | | | | ☐ |
| | | | | | | | | | | | | | | | | | | | | | | | | | | | | | | | | | ☐ |
| | | | | | | | | | | | | | | | | | | | | | | | | | | | | | | | | | ☐ |
| | | | | | | | | | | | | | | | | | | | | | | | | | | | | | | | | | ☐ |
| | | | | | | | | | | | | | | | | | | | | | | | | | | | | | | | | | ☐ |
| | | | | | | | | | | | | | | | | | | | | | | | | | | | | | | | | | ☐ |

附件4

# 银行存款日记账

| 年 | | 凭证编号 | 结算方式 | | 摘 要 | 借方金额 | | | | | | | | | 贷方金额 | | | | | | | | | 余 额 | | | | | | | | | √ |
|---|---|---|---|---|---|---|---|---|---|---|---|---|---|---|---|---|---|---|---|---|---|---|---|---|---|---|---|---|---|---|---|---|---|
| 月 | 日 | | 字 | 号码 | | 百 | 十 | 万 | 千 | 百 | 十 | 元 | 角 | 分 | 百 | 十 | 万 | 千 | 百 | 十 | 元 | 角 | 分 | 百 | 十 | 万 | 千 | 百 | 十 | 元 | 角 | 分 | |
| | | | | | | | | | | | | | | | | | | | | | | | | | | | | | | | | | ☐ |
| | | | | | | | | | | | | | | | | | | | | | | | | | | | | | | | | | ☐ |
| | | | | | | | | | | | | | | | | | | | | | | | | | | | | | | | | | ☐ |
| | | | | | | | | | | | | | | | | | | | | | | | | | | | | | | | | | ☐ |
| | | | | | | | | | | | | | | | | | | | | | | | | | | | | | | | | | ☐ |
| | | | | | | | | | | | | | | | | | | | | | | | | | | | | | | | | | ☐ |
| | | | | | | | | | | | | | | | | | | | | | | | | | | | | | | | | | ☐ |
| | | | | | | | | | | | | | | | | | | | | | | | | | | | | | | | | | ☐ |
| | | | | | | | | | | | | | | | | | | | | | | | | | | | | | | | | | ☐ |
| | | | | | | | | | | | | | | | | | | | | | | | | | | | | | | | | | ☐ |
| | | | | | | | | | | | | | | | | | | | | | | | | | | | | | | | | | ☐ |
| | | | | | | | | | | | | | | | | | | | | | | | | | | | | | | | | | ☐ |
| | | | | | | | | | | | | | | | | | | | | | | | | | | | | | | | | | ☐ |
| | | | | | | | | | | | | | | | | | | | | | | | | | | | | | | | | | ☐ |
| | | | | | | | | | | | | | | | | | | | | | | | | | | | | | | | | | ☐ |
| | | | | | | | | | | | | | | | | | | | | | | | | | | | | | | | | | ☐ |
| | | | | | | | | | | | | | | | | | | | | | | | | | | | | | | | | | ☐ |

附件5

# 总 账

会计科目编号
会计科目名称

| 年 | | 汇总凭证 | | 摘 要 | 借 方 | | | | | | | | | | √ | 贷 方 | | | | | | | | | | √ | 借或贷 | 余 额 | | | | | | | | | | √ |
|---|---|---|---|---|---|---|---|---|---|---|---|---|---|---|---|---|---|---|---|---|---|---|---|---|---|---|---|---|---|---|---|---|---|---|---|---|---|
| 月 | 日 | 种类 | 号数 | | 亿 | 千 | 百 | 十 | 万 | 千 | 百 | 十 | 元 | 角 | 分 | | 亿 | 千 | 百 | 十 | 万 | 千 | 百 | 十 | 元 | 角 | 分 | | 亿 | 千 | 百 | 十 | 万 | 千 | 百 | 十 | 元 | 角 | 分 | |
| | | | | | | | | | | | | | | | | | | | | | | | | | | | | | | | | | | | | | |

附件 6

# 明细账

第　　页

一级科目

二级科目或明细科目

| 年 | | 凭证 | | 摘要 | 借方 | | | | | | | | | | 贷方 | | | | | | | | | | 借或贷 | 金额 | | | | | | | | | |
|---|---|---|---|---|---|---|---|---|---|---|---|---|---|---|---|---|---|---|---|---|---|---|---|---|---|---|---|---|---|---|---|---|---|---|---|
| 月 | 日 | 种类 | 号数 | | 亿 | 千 | 百 | 十 | 万 | 千 | 百 | 十 | 元 | 角 | 分 | 亿 | 千 | 百 | 十 | 万 | 千 | 百 | 十 | 元 | 角 | 分 | | 亿 | 千 | 百 | 十 | 万 | 千 | 百 | 十 | 元 | 角 | 分 |
| | | | | | | | | | | | | | | | | | | | | | | | | | | | | | | | | | | | | | | |
| | | | | | | | | | | | | | | | | | | | | | | | | | | | | | | | | | | | | | | |
| | | | | | | | | | | | | | | | | | | | | | | | | | | | | | | | | | | | | | | |
| | | | | | | | | | | | | | | | | | | | | | | | | | | | | | | | | | | | | | | |
| | | | | | | | | | | | | | | | | | | | | | | | | | | | | | | | | | | | | | | |

附件 7

# 明细账

总第＿＿页 分第＿＿页

一级科目编号及名称＿＿＿＿＿＿

二级科目编号及名称＿＿＿＿＿＿

| 年 | | 凭证 | | 摘要 | 借方 | | | | | | | | | | 贷方 | | | | | | | | | | 借或贷 | 余额 | | | | | | | | | | （ ）方 金 额 分 析 | | | | | | | | | | | | | | | | | | | | | |
|---|---|---|---|---|---|---|---|---|---|---|---|---|---|---|---|---|---|---|---|---|---|---|---|---|---|---|---|---|---|---|---|---|---|---|---|
| 月 | 日 | 种类 | 号数 | | 亿 | 千 | 百 | 十 | 万 | 千 | 百 | 十 | 元 | 角 | 分 | 亿 | 千 | 百 | 十 | 万 | 千 | 百 | 十 | 元 | 角 | 分 | | 亿 | 千 | 百 | 十 | 万 | 千 | 百 | 十 | 元 | 角 | 分 | 亿 | 千 | 百 | 十 | 万 | 千 | 百 | 十 | 元 | 角 | 分 |

附件 8

## 明细账

最高存量 _____
最低存量 _____
编号 _____ 规格 _____

本账页数 _____
本户页数 _____
单位 _____ 名称 _____

| 年 | | 凭证编号 | 摘要 | 账页 | 收入 | | | 发出 | | | 结存 | | | 稽核 |
|---|---|---|---|---|---|---|---|---|---|---|---|---|---|---|
| 月 | 日 | | | | 数量 | 单价 | 金额<br>百 十 万 千 百 十 元 角 分 | 数量 | 单价 | 金额<br>百 十 万 千 百 十 元 角 分 | 数量 | 单价 | 金额<br>百 十 万 千 百 十 元 角 分 | |
| | | | | | | | | | | | | | | |
| | | | | | | | | | | | | | | |
| | | | | | | | | | | | | | | |
| | | | | | | | | | | | | | | |
| | | | | | | | | | | | | | | |
| | | | | | | | | | | | | | | |

附件 9

# 生产成本明细账

投产日期：　　　　计划工时：　　　　科目名称：

完工日期：　　　　实际工时：　　　　生产批号：

　　　　　　　　　　　　　　　　　　生产车间：

数量：　　　　　　产品规格：　　　　产品名称：

完成产量：

百次　　　总页

| 年 | | 凭证号数 | 摘要 | 借方发生额 | | | | | | | | | | | 成本项目 | | | | | | | | | | | | | | | | | | | | | | | | | | | | | | | | | | | | | | | | | |
|---|---|---|---|---|---|---|---|---|---|---|---|---|---|---|---|---|---|---|---|---|---|---|---|---|---|---|---|---|---|---|---|---|---|---|---|---|---|---|---|---|---|---|---|---|---|---|---|---|---|---|---|---|---|---|---|---|---|---|
| | | | | | | | | | | | | | | | 直接材料 | | | | | | | | | | 直接工资 | | | | | | | | | | 制造费用 | | | | | | | | | | | | | | | | | | |
| 月 | 日 | | | 亿 | 千 | 百 | 十 | 万 | 千 | 百 | 十 | 元 | 角 | 分 | 千 | 百 | 十 | 万 | 千 | 百 | 十 | 元 | 角 | 分 | 千 | 百 | 十 | 万 | 千 | 百 | 十 | 元 | 角 | 分 | 千 | 百 | 十 | 万 | 千 | 百 | 十 | 元 | 角 | 分 | 千 | 百 | 十 | 万 | 千 | 百 | 十 | 元 | 角 | 分 |
| | | | | | | | | | | | | | | | | | | | | | | | | | | | | | | | | | | | | | | | | | | | | | | | | | | | | | | | |
| | | | | | | | | | | | | | | | | | | | | | | | | | | | | | | | | | | | | | | | | | | | | | | | | | | | | | | | |
| | | | | | | | | | | | | | | | | | | | | | | | | | | | | | | | | | | | | | | | | | | | | | | | | | | | | | | | |
| | | | | | | | | | | | | | | | | | | | | | | | | | | | | | | | | | | | | | | | | | | | | | | | | | | | | | | | |
| | | | | | | | | | | | | | | | | | | | | | | | | | | | | | | | | | | | | | | | | | | | | | | | | | | | | | | | |
| | | | | | | | | | | | | | | | | | | | | | | | | | | | | | | | | | | | | | | | | | | | | | | | | | | | | | | | |
| | | | | | | | | | | | | | | | | | | | | | | | | | | | | | | | | | | | | | | | | | | | | | | | | | | | | | | | |

附件 10

# 科目汇总表

| 编号 | | 附件共 | | 张 |
|---|---|---|---|---|
| 凭证号 | 凭证 | 第　号至　号共 | 张 |
| 证号 | 凭证 | 第　号至　号共 | 张 |
| 数 | 凭证 | 第　号至　号共 | 张 |

年　月　日至　月　日

| 会计科目 | 总页 | 借方 | | | | | | | | | 贷方 | | | | | | | | |
|---|---|---|---|---|---|---|---|---|---|---|---|---|---|---|---|---|---|---|---|
| | | 千 | 百 | 十 | 万 | 千 | 百 | 十 | 元 | 角 | 分 | 千 | 百 | 十 | 万 | 千 | 百 | 十 | 元 | 角 | 分 |
| | | | | | | | | | | | | | | | | | | | | |

附件11

# 总分类账户本期发生额试算平衡表

年　　　月　　　　　　　　　　　　　　　　单位:元

| 会计科目 | 借方发生额 | 贷方发生额 |
|---|---|---|
|  |  |  |
|  |  |  |
|  |  |  |
|  |  |  |
|  |  |  |
|  |  |  |
|  |  |  |
|  |  |  |
|  |  |  |
|  |  |  |
|  |  |  |
|  |  |  |
|  |  |  |
|  |  |  |
|  |  |  |
|  |  |  |
|  |  |  |
|  |  |  |
|  |  |  |

附件12

## 总分类账户余额试算平衡表

年　　月　　　　　　　　　　　　　　　　　　　　　单位:元

| 会计科目 | 借方余额 | 贷方余额 |
|---|---|---|
|  |  |  |
|  |  |  |
|  |  |  |
|  |  |  |
|  |  |  |
|  |  |  |
|  |  |  |
|  |  |  |
|  |  |  |
|  |  |  |
|  |  |  |
|  |  |  |
|  |  |  |
|  |  |  |
|  |  |  |
|  |  |  |
|  |  |  |
|  |  |  |
|  |  |  |

附件13

# 资产负债表

纳税人识别号：　　　　　税款所属期：　　年　月　日至　　年　月　日　　会企01表
编制单位（章）：　　　　　填表日期：　　年　月　日　　　　　　　　　　单位：元

| 资产 | 行次 | 期末余额 | 年初余额 | 负债和所有者权益（或股东权益） | 行次 | 期末余额 | 年初余额 |
|---|---|---|---|---|---|---|---|
| 流动资产： | 1 | | | 长期待摊费用 | 29 | | |
| 货币资金 | 2 | | | 递延所得税资产 | 30 | | |
| 交易性金融资产 | 3 | | | 其他非流动资产 | 31 | | |
| 衍生金融资产 | 4 | | | 非流动资产合计 | 32 | | |
| 应收票据及应收账款 | 5 | | | 资产总计 | 33 | | |
| 预付款项 | 6 | | | 流动负债： | 34 | | |
| 其他应收款 | 7 | | | 短期借款 | 35 | | |
| 存货 | 8 | | | 交易性金融负债 | 36 | | |
| 合同资产 | 9 | | | 衍生金融负债 | 37 | | |
| 持有待售资产 | 10 | | | 应付票据及应付账款 | 38 | | |
| 一年内到期的非流动资产 | 11 | | | 预收款项 | 39 | | |
| 其他流动资产 | 12 | | | 合同负债 | 40 | | |
| 流动资产合计 | 13 | | | 应付职工薪酬 | 41 | | |
| 非流动资产： | 14 | | | 应交税费 | 42 | | |
| 债券投资 | 15 | | | 其他应付款 | 43 | | |
| 其他债券投资 | 16 | | | 持有待售负债 | 44 | | |
| 长期应收款 | 17 | | | 一年内到期的非流动负债 | 45 | | |
| 长期股权投资 | 18 | | | 其他流动负债 | 46 | | |
| 其他权益工具投资 | 19 | | | 流动负债合计 | 47 | | |
| 其他非流动金融资产 | 20 | | | 非流动负债： | 48 | | |
| 投资性房地产 | 21 | | | 长期借款 | 49 | | |
| 固定资产 | 22 | | | 应付债券 | 50 | | |
| 在建工程 | 23 | | | 其中：优先股 | 51 | | |
| 生产性生物资产 | 24 | | | 永续债 | 52 | | |
| 油气资产 | 25 | | | 长期应付款 | 53 | | |
| 无形资产 | 26 | | | 预计负债 | 54 | | |
| 开发支出 | 27 | | | 递延收益 | 55 | | |
| 商誉 | 28 | | | 递延所得税负债 | 56 | | |

续 表

| 资产 | 行次 | 期末余额 | 年初余额 | 负债和所有者权益<br>（或股东权益） | 行次 | 期末余额 | 年初余额 |
|---|---|---|---|---|---|---|---|
| 其他非流动负债 | 57 | | | 资本公积 | 65 | | |
| 非流动负债合计 | 58 | | | 减：库存股 | 66 | | |
| 负债合计 | 59 | | | 其他综合收益 | 67 | | |
| 所有者权益（或股东权益）： | 60 | | | 盈余公积 | 68 | | |
| 实收资本（或股本） | 61 | | | 未分配利润 | 69 | | |
| 其他权益工具 | 62 | | | 所有者权益（或股东权益）合计 | 70 | | |
| 其中：优先股 | 63 | | | 负债和所有者权益（或股东权益）总计 | 71 | | |
| 永续债 | 64 | | | | | | |

单位负责人；　　　　　主管会计工作负责人：　　　　　会计机构负责人：

附件14

## 利润表

纳税人识别号：　　　　　税款所属期：　年　月　日至　年　月　日　会企02表
编制单位(章)：　　　　日期：　年　月　　　　　　　　　　单位:元

| 项目 | 行次 | 本月数 | 本年累计 |
|---|---|---|---|
| 一、营业收入 | 1 | | |
| 减:营业成本 | 2 | | |
| 税金及附加 | 3 | | |
| 销售费用 | 4 | | |
| 管理费用 | 5 | | |
| 研发费用 | 6 | | |
| 财务费用 | 7 | | |
| 其中:利息费用 | 8 | | |
| 利息收入 | 9 | | |
| 资产减值损失 | 10 | | |
| 信用减值损失 | 11 | | |
| 加:其他收益 | 12 | | |
| 投资收益(损失以"-"号填列) | 13 | | |
| 其中:对联营企业和合营企业的投资收益 | 14 | | |
| 净敞口套期收益(损失以"-"号填列) | 15 | | |
| 公允价值变动收益(损失以"-"号填列) | 16 | | |
| 资产处置收益(损失以"-"号填列) | 17 | | |
| 二、营业利润(亏损以"-"号填列) | 18 | | |
| 加:营业外收入 | 19 | | |
| 减:营业外支出 | 20 | | |
| 三、利润总额(亏损总额以"-"号填列) | 21 | | |
| 减:所得税费用 | 22 | | |
| 四、净利润(净亏损以"-"号填列) | 23 | | |
| (一)持续经营净利润(净亏损以"-"号填列) | 24 | | |
| (二)终止经营净利润(净亏损以"-"号填列) | 25 | | |
| 五、其他综合收益的税后净额 | 26 | | |
| (一)不能重分类进损益的其他综合收益 | 27 | | |
| 1.重新计量设定受益计划变动额 | 28 | | |

| 项目 | 行次 | 本月数 | 本年累计 |
|---|---|---|---|
| 2.权益法下不能转损益的其他综合收益 | 29 | | |
| 3.其他权益工具投资公允价值变动 | 30 | | |
| 4.企业自身信用风险公允价值变动 | 31 | | |
| …… | 32 | | |
| （二）将重分类进损益的其他综合收益 | 33 | | |
| 1.权益法下可转损益的其他综合收益 | 34 | | |
| 2.其他债券投资公允价值变动 | 35 | | |
| 3.金融资产重分类计入其他综合收益的金额 | 36 | | |
| 4.其他债券投资信用减值准备 | 37 | | |
| 5.现金流量套期储备 | 38 | | |
| 6.外币财务报表折算差额 | 39 | | |
| …… | 40 | | |
| 六、综合收益总额 | 41 | | |
| 七、每股收益 | 42 | | |
| （一）基本每股收益 | 43 | | |
| （二）稀释每股收益 | 44 | | |

# 参考文献

［1］董惠良.企业会计制度设计［M］.7 版.上海:立信会计出版社,2024.

［2］郭德松,李继志.金融企业会计［M］.2 版.南京:南京大学出版社,2019.

［3］郭辉.Excel 财务数据处理与分析实战技巧精粹［M］.北京:人民邮电出版社,2022.

［4］李艳,李霞.财务会计模拟实训［M］.3 版.南京:南京大学出版社,2017.

［5］童小春.财务会计(上册)［M］.重庆:重庆大学出版社,2017.

［6］熊玉红,蒋丽鸿.财务会计实训［M］.4 版.沈阳:东北财经大学出版社,2022.

［7］颜晓燕,欧阳春,李自连,等.高级财务会计［M］.南昌:江西高校山版社,2018

［8］袁国辉.企业财务风险预警与防范［M］.北京:人民邮电出版社,2020.

［9］郑渝英,朱蕾.税法［M］.重庆:重庆大学出版社,2016.

［10］周国光.财务会计研究［M］.北京:中国书籍出版社,2019.